cuentos y
leyendas de
México

Por la Superación del Ser Humano y sus Instituciones

cuentos y leyendas de México

tradición oral de grupos indígenas y mestizos

Lilian Scheffler.

PANORAMA EDITORIAL

CUENTOS Y LEYENDAS

Portada:
  Dibujo: Heraclio Ramírez

Dibujos:
  José Narro

Primera edición: 1991
Octava reimpresión: 1997
© Panorama Editorial, S.A. de C.V.
  Manuel Ma. Contreras 45-B
  Col. San Rafael 06470 - México, D.F.

Tels.: 535-93-48 · 592-20-19
Fax: 535-92-02 · 535-12-17
e-mail: panorama@iserve.net.mx

Printed in México
Impreso en México
ISBN 968-38-0259-1

Indice

indice

Presentación

Los relatos aquí reunidos constituyen una pequeña muestra de la riqueza que existe en la literatura popular de
México. Cinco de ellos fueron recopilados personalmen-
te, tres durante trabajos de campo realizados en Tlaxcala
y Guanajuato y dos en la ciudad de México con una
persona originaria de San Luis Potosí. Los veintidós
restantes se tomaron de publicaciones especializadas sobre el tema y fueron recopilados por diferentes investigadores. El propósito es mostrar ejemplos de la tradición oral de distintos grupos que habitan en nuestro país.
Al final, en un índice, se dan los datos relativos a la
procedencia de las narraciones.

Introducción

La narración tradicional es parte integral de la cultura en la que se produce y pone de manifiesto la visión del mundo y la forma de vida de los pueblos. Así, los relatos populares tienen un valor estético, histórico, literario, filosófico y cultural puesto que son el producto de una sociedad humana.

Generalmente se trata de relatos anónimos, de los que se desconoce el autor, o mejor dicho, pueden ser considerados como creaciones colectivas, cuya transmisión se realiza a través de mecanismos no institucionalizados, es decir, mediante la tradición oral.

Todas las narraciones se encuentran por lo general ambientadas dentro del contexto del grupo en el que se cuentan, ya que el pueblo que las inventa o las acepta les va imponiendo, poco a poco, las características de su cultura.

Las narraciones son vivencias en las que se expresa el sentir de un grupo humano. Hay relatos que dentro de su argumento llevan una enseñanza y de esta manera se convierten en mecanismos de transmisión de ideas morales, ejerciendo así una función específica dentro del grupo. Existen otros que ponen de manifiesto ideas míticas y religiosas, referentes a creencias de diferentes tipos, o que proporcionan explicaciones de distintos fenómenos de la naturaleza.

II

El estudio de la narración tradicional divide a sus materiales en diferentes géneros, como son: mitos, leyendas, cuentos, casos, creencias y experiencias personales. Sin embargo, en este trabajo, se englobarán bajo el término genérico de relatos o narraciones.

Los mitos tratan acerca de los orígenes, de los dioses, de la creación del mundo y de los astros; las acciones ocurren en un pasado remoto, en un mundo diferente del actual y los personajes son no humanos.

Las leyendas generalmente tienen un fondo histórico; tratan acerca de un hecho que ocurrió en un pasado reciente, en el mundo actual; los personajes pueden ser humanos o no humanos. Se parte de un hecho real, cuya reelaboración da como resultado la coexistencia de hechos verdaderos y de hechos ficticios.

El cuento es un relato ficticio cuyo argumento puede ocurrir en cualquier tiempo y en cualquier lugar; los personajes son animales o seres humanos que viven los acontecimientos dentro de un supuesto mundo real, impregnado de fantasía e imaginación. Hay, sin embargo, diferentes tipos de cuentos; en términos generales son, primero, aquellos que únicamente cumplen la función de divertir, cuyos acontecimientos no ocurren en un lugar específico y tienen referencias de carácter fantástico; segundo, los que se refieren a seres sobrenaturales, como brujas y fantasmas, que se consideran como verdaderos y se sitúan en una localidad específica, y tercero, aquellos en los que las aventuras de los animales forman la trama principal.

Las experiencias personales, también denominadas memoratas, refieren hechos generalmente relacionados con seres o sucesos sobrenaturales, que se dice le ocurrieron ya sea a la persona que los narra o a una tercera persona en quien el narrador confía totalmente. A través de estos sucesos se presenta en forma clara un panorama de ciertas creencias y de la forma en que son manejadas por las personas del grupo.

III

En el México prehispánico existían entre los diversos grupos indígenas, narraciones que se transmitían en forma oral. Se sabe de mitos referentes a la creación del mundo y de los astros, al nacimiento y a las actividades de los dioses, etc.; también de leyendas relativas a las hazañas de los héroes o a diferentes acontecimientos históricos, y otro tipo de narraciones en las cuales se explicaba el porqué de determinados fenómenos o bien se ilustraban conductas a seguir.

Por ejemplo, uno de los mitos nahuas de aquella época es el de los Cuatro Soles, en el que se refería la existencia de cuatro mundos antes de que apareciera el que entonces moraban. El primer mundo había sido destruido por los tigres, el segundo por el viento, el tercero por el fuego y el cuarto por el agua. Así, pues, habitaban el quinto mundo, o sol, que según sus creencias sería destruido por temblores de tierra.

Entre los relatos que narraban las actividades de los héroes, se encuentra el de Quetzalcóatl, un sacerdote de Tula, hombre místico dedicado a las actividades religiosas, a quien Tezcatlipoca agasajó con bebida y comida haciendo que se emborrachara; en dicho estado cometió un acto incestuoso, por lo cual fue expulsado de Tula, de donde se alejó desconsolado y emprendió un largo viaje hasta llegar a la costa; ahí se embarcó bajo promesa de regresar.

Un ejemplo de leyenda histórica es la referente a la peregrinación de los aztecas, guiados por su dios Huitzilopochtli, desde Aztlán hasta llegar al lugar en donde encontrarían un águila posada en un nopal y devorando una serpiente, sitio en el que se les había dicho debían fundar su imperio.

Entre las narraciones de índole moral, en que se proporcionaban ejemplos de conductas a seguir, se encuentran los discursos de los gobernantes, así como las pláticas de los padres a sus hijos aconsejándolos en distintas etapas de su vida.

IV

Después de la Conquista comenzaron a llegar nuevos relatos, algunos de los cuales fueron incorporados a la tradición propia de cada grupo. Otros, se fundieron con narraciones parecidas o bien comenzaron a coexistir elementos de ambas tradiciones, manifestándose en muchos casos un *sincretismo* (es decir, la fusión de dos tradiciones religiosas distintas).

El mestizaje cultural no fue homogéneo en los distintos lugares de México. Por ello, hay grupos que hasta la actualidad conservan mejor sus propias tradiciones y en otros el mestizaje es más evidente, situación reflejada en el tipo de narraciones que se cuentan en cada lugar. Así, en los grupos que se mantuvieron más aislados se encuentran ciclos míticos más elaborados y relatos sobre sus antiguos dioses y creencias, mientras que en otros puede verse claramente la tradición de ambas culturas fundida; inclusive en otros se aprecia un claro carácter occidental en sus narraciones, aunque ellas estén, por supuesto, ya impregnadas de elementos locales que se han ido ajustando desde el momento en que fueron aceptadas por el grupo. Por lo tanto, a través del proceso de aculturación de los grupos indígenas, las enseñanzas de los frailes misioneros fueron reestructuradas, hasta que se hicieron parte de su propia forma de percibir e interpretar la vida.

El relato actual —indígena y mestizo— de México es, consecuentemente, el resultado de una fusión de elementos, tanto prehispánicos como europeos, a los cuales se han ido agregando a través del tiempo, elementos locales y regionales nuevos.

V

El estudio de la narración tradicional tiene por objeto conocer los diferentes tipos de narraciones, así como los motivos que forman cada uno de ellos y las variantes que éstos tienen en diferentes lugares. También se analiza a los personajes que actúan dentro del argumento: dioses, héroes, animales, etc. y la época que en ellos se describe.

Asimismo, se ocupa del narrador y del público que lo escucha, de los recursos que utiliza el primero para mantener la atención del auditorio, así como de las reacciones de éste ante el relato. De igual importancia resulta el estudio del repertorio y la función social que desempeña cada narrador dentro de la comunidad.

Es importante también estudiar en qué tiempo o circunstancias se narran los relatos: durante la cosecha, en los velorios, en ceremonias especiales, en la noche, cuando toda la familia se encuentra reunida, etc., así como llegar a conocer la función que los relatos tienen dentro de la sociedad donde se narran. Y para los especialistas es de primordial importancia que los relatos sean transcritos tal y como son contados, con objeto de analizar la forma y el estilo, para lo cual es necesario recurrir a la grabación en cinta magnética.

Por lo tanto, el estudio de la literatura oral representa, en última instancia, una aproximación al conocimiento de las diversas formas de enfocar la vida de los distintos grupos humanos.

VI

El conocimiento de la narración oral de México comenzó desde el siglo XVI, cuando los frailes y los cronistas empezaron a transcribir diferentes relatos que contaban los indígenas. Después, se perdió durante un tiempo el interés en este tipo de manifestaciones, y fue hasta finales del siglo pasado cuando se empezaron a hacer recopilaciones de cuentos y leyendas tomadas directamente del pueblo.

A principios de este siglo, un grupo de investigadores se abocó al estudio de las narraciones de los grupos indígenas atendiendo principalmente a las de los grupos de habla náhuatl, y poco a poco también, a los de otras lenguas. De entonces a la fecha, se han publicado diferentes estudios de la tradición oral de diversos grupos, tanto indígenas como mestizos, algunos en forma de simples colecciones, otros que intentan dar interpretaciones de tipo teórico sobre el tema. En la actualidad, pues, se cuenta con un buen número de publicaciones relativas a la literatura oral, tanto en libros como en revistas especializadas.

VII

México es un país pluricultural en donde habitan distintos grupos indígenas y grupos mestizos, tanto en zonas rurales como urbanas, cada uno de ellos con su cultura característica. En cada grupo existen diferentes relatos populares tradicionales relacionados con sus creencias, con su historia, con sus tradiciones mágico-religiosas, o bien otros que se utilizan solamente como una forma de diversión.

En este libro se transcriben algunos relatos de diferentes grupos indígenas del país y otros de grupos urbanos; dichos textos van antecedidos de datos sobre la forma de vida, la economía, la organización política y social de tales grupos, con el fin de ubicar el relato dentro de su contexto sociocultural. Habrá, entonces, distintas narraciones que ofrecerán al lector la oportunidad de conocer diferentes situaciones y personajes propios de la tradición oral de cada uno de los grupos, tales como héroes culturales locales; referencias históricas; la forma en que se consiguieron los cultivos; las acciones de los duendes; la manera de pactar con el diablo y sus consecuencias; las intervenciones de seres sobrenaturales; las actividades de los curanderos, las brujas y los nahuales —hombres, estos últimos, que tienen la facultad de convertirse en animales—; los milagros realizados por diferentes imágenes religiosas en beneficio de los humanos; las mujeres etéreas que atraen a los hombres para apartarlos de sus deberes; explicaciones sobre el diluvio y sobre fenómenos naturales; animales que se comportan como humanos y personajes populares que por sus acciones en vida merecieron notabilidad.

Nahuas de Tlaxcala

El idioma nahua se habla actualmente en 35 municipios del estado de Tlaxcala, donde hay un total de 18,404 hablantes (según Horcasitas de Barros y Crespo, 1979). Los municipios que cuentan con un mayor número de hablantes de nahua son San Pablo del Monte, Juan Cuamatzi, Chiautempan y José María Morelos.

Nos referiremos aquí a una población cercana a la montaña de La Malinche: San Francisco Tetlanohca, perteneciente al municipio de Chiautempan. El idioma nahua se habla mayoritariamente en Tetlanohca, pero solamente por la generación adulta; los jóvenes lo entienden, pero ya no lo hablan y son pocos los niños que lo practican.

En esta población no se usa vestido tradicional. Las personas visten igual que los mestizos de la región; los hombres usan camisa, pantalón, sombrero y zapatos o huaraches y las mujeres usan vestido, suéter, rebozo y zapatos de plástico.

Economía

La actividad más importante de San Francisco Tetlanohca es la agricultura. Existen actividades complementarias como el comercio en pequeñas tiendas, la fabricación de carbón, el tejido de sarapes y cotorinas en telares de pie y el trabajo fabril en ciudades cercanas.

Los productos agrícolas principales son: maíz, frijol, haba y calabaza. La tenencia de la tierra es de pequeña propiedad, aunque también hay tierras ejidales. La base de la alimentación consiste en maíz, frijol y chile. La cosecha que se obtiene cada año es básicamente para el consumo familiar; la compra de alimentos y otros artículos necesarios se realiza por lo general en los mercados cercanos, ya sea en el mercado de la ciudad de Tlaxcala o en el de la cabecera municipal, Santa Ana Chiautempan.

Organización religiosa

Los habitantes de San Francisco Tetlanohca practican la religión católica y conservan la organización tradicional de cargos religiosos; las personas que lo ocupan se eligen cada año y cada vez le toca el cargo a una persona de diferente barrio. El pueblo está dividido en tres barrios: Jesús Xolalpan, Dolores Aquiahuac y Santa Cruz Majtlacuahuajcan.

Todos los hombres del lugar tienen la obligación de cumplir con los cargos religiosos, empezando por los menores hasta terminar con los de mayor importancia. Los cargos son: Un Fiscal (de uno de los barrios). Un Te-

El que no quiso poner ofrenda.
"entonces se quedó aprisionado en el ocote"...

niente (de otro). Un Mayor (del tercero). Un Escribano (del barrio del Teniente). Dos Sacristanes (del barrio del Fiscal). Un Portero (del barrio del Fiscal). Y un Campanero (del barrio del Fiscal).

Para las fiestas religiosas importantes hay, por lo general, tres mayordomos (uno de cada barrio), que cuentan con ayudantes en número variable, a quienes se da el nombre de "debotados"; tienen la obligación de hacer la fiesta para la imagen correspondiente, comprar flores, cohetes, ceras, pagar la música de banda y la "Azteca" (la cual es interpretada por redoblante, "teponaztle" y en ocasiones "chirimía"). En casa de los mayordomos, después de celebrada la misa, se ofrece mole, tamales y pulque a todas las personas del pueblo que los acompañan.

A las imágenes más importantes se les celebran tres días de fiesta, cada uno a costo de cada mayordomo y sus ayudantes; es decir, que cada día le toca la fiesta a personas de diferente barrio. Sin embargo, para algunas fiestas no hay mayordomos, sino que las Asociaciones Religiosas se encargan de costear la celebración. Hay cuatro asociaciones: la de la Virgen de Guadalupe, la del Sagrado Corazón, la de la Preciosa Sangre y la de la Vela Perpetua.

Entre las fiestas más importantes están: la patronal de San Francisco de Asís, la de la Semana Santa, la de la Santa Cruz y la de Todos Santos, que es una fiesta familiar.

Organización política

Tetlanohca tiene categoría política de pueblo. Para su gobierno, se eligen cada año mediante votación popular, los siguientes cargos: un agente municipal, un juez de paz, un regidor, un agente preventivo y policías. El presidente municipal de Santa Ana Chiautempan, la cabecera municipal, va al pueblo a tomarles la protesta y posteriormente confirma los nombramientos por escrito. Estos cargos también rotan por barrio; el Agente Municipal, por ejemplo, cada año debe ser de diferente barrio.

Organización social

El matrimonio se concierta a través del pedimento, en el cual la familia del joven lleva algunos obsequios a los padres de la novia y después de dos o tres visitas de este tipo, se fija la fecha para el enlace civil y religioso. El día en que se realiza este último, se hace fiesta en casa de los padrinos de bodas, en casa de la novia y finalmente en casa del novio.

Generalmente después de casados, los jóvenes viven durante un tiempo en la casa de los padres del muchacho, hasta que tienen posibilidad de construir su casa aparte. A veces, los hijos construyen sus casas cerca o junto a la casa paterna, es decir, que varias familias nucleares viven muy próximas unas de otras formando un pequeño conjunto habitacional, en donde frecuentemente comparten el mismo *temazcal,* o baño sudorífico de vapor, que es propio de esta región, y las mujeres se reúnen para hacer algunos trabajos en conjunto.

El compadrazgo es un lazo importante dentro de la comunidad. Existen padrinos de bautizo, de confirmación, de primera comunión, de casamiento, de escapulario, de construcción de casa y de construcción de *temazcal.* Los más importantes son los de bautizo y de casamiento. Generalmente se procura escoger a personas importantes de la localidad o de lugares vecinos, que sean católicos y se responsabilicen de que el ahijado siga la misma fe. En ocasiones los padrinos se seleccionan entre comerciantes de lugares cercanos, como Santa Ana, Tlaxcala o Apizaco, y en estos casos es frecuente que cuando el niño termina la escuela primaria, lo manden a vivir con sus padrinos, quienes lo envían a la secundaria y le dan alimentación, y el ahijado les ayuda, ya sea en la tienda o en las labores de la casa.

El relato que sigue, se refiere a la costumbre de poner ofrendas durante el Día de Muertos. Hemos recopilado diferentes versiones en pueblos vecinos del mismo estado de Tlaxcala, así como algunas variantes de distintos informantes de San Francisco Tetlanohca.

El que no quiso poner ofrenda

Un señor muy flojo no quiso poner ofrenda cuando se acercaba la fiesta de Todos Santos. Su esposa le dijo que había de hacerse, pero él no le hizo caso y se fué al monte (a la Malinche). Cuando iba subiendo vió a mucha gente, primero iban muchos niños y después pasó gente grande, entre ellos vió a un tío de él ya fallecido. Entonces se quedó aprisionado en el ocote junto al que estaba parado y desde allí vió a sus padres que ya habían muerto; todos iban bajando con rumbo al pueblo.

Se quedó aprisionado en el ocote hasta el día siguiente, cuando vió regresar a toda esa gente y cada uno llevaba su chiquihuite con las ofrendas que les habían puesto sus familiares. Vió que sus padres llevaban solamente una tortilla y un bultito de quelites. Todos iban muy contentos excepto sus padres. Cuan-

do terminaron de pasar, el señor se privó y el ocote se abrió.

Cuando recobró la conciencia regresó rápido al pueblo y le contó a su mujer lo que le había pasado. Le preguntó qué ofrenda había puesto y ella le dijo que solamente tortillas y quelites, porque no tenía más. El señor, entonces, se arrepintió de no haber trabajado para poner una buena ofrenda, y prometió hacerlo para el año siguiente, pero después de que hizo la promesa, murió.

Este relato tiene una función específica dentro del grupo en que se narra, ya que mantiene la conformidad con los patrones aceptados de comportamiento. Por lo general se cuenta en los días cercanos a la fiesta reforzando así la creencia de que las almas de los muertos regresan a la tierra durante Todos Santos y Día de Muertos.

El poner la ofrenda para esa festividad es una tradición muy antigua; se piensa que las personas deben cumplir con ella todos los años, y aquellos que no lo hagan recibirán, lógicamente, un castigo por su falta y por apartarse de las normas socialmente aceptadas por el grupo.

El relato anterior se encuentra bastante difundido entre los grupos de lengua nahua. Asimismo, se conocen versiones que proceden de Puebla, Veracruz, Oaxaca y Yucatán; por ello, puede decirse que esta narración constituye un ejemplo que pone de manifiesto una forma de persuación importante respecto a la necesidad de rendir culto a los muertos.

Otro relato recolectado en esta comunidad es de tipo histórico:

El origen de los barrios

Se cuenta que los primeros pobladores de San Francisco vinieron del oriente, llegando primero al pico de la Malinche, como allí hacía mucho frío bajaron hasta el montecito que se llama "Chiche de la Malinche", después bajaron hasta el sitio que se llama Lugar de Leones. Tiempo después bajaron más y llegaron hasta lo que ahora es el pueblo y se dividieron el lugar en tres partes, que en la actualidad son los tres barrios, en cada parte quedaron personas de diferentes apellidos, la parte de arriba se llamó Majtlacuahuajcan, porque allí encontraron diez encinos ("Lugar de diez encinos"). El central se llamó Xolalpan porque allí había muchas veredas ("Lugar de veredas"). Y el de abajo Aquiáhuac porque allí había agua ("Agua que está encima").

Cuando vinieron los españoles los encontraron venerando a un dios que era negro, lo quitaron y les pusieron en su lugar a San Benito, para que no lo desconocieran, pero la gente no lo quería y le pegaba. Esto enojó mucho a San Benito y decidió irse. En su camino encontró a San Francisco, quien le dijo que lo habían mandado para el pueblo. A este santo sí lo aceptaron, todos lo quisieron y retiraron a su demonio.

Le hicieron a San Francisco una cuevita en el barrio del centro (Xolalpan), después llegaron los franciscanos y comenzaron a construir la iglesia en el mismo sitio donde ahora se encuentra y desde entonces el pueblo se llamó San Francisco.

El origen de los barrios.
"la gente no lo quería y le pegaban.
Esto enojó mucho a San Benito"...

Vistas como fuentes históricas, las narraciones no están necesariamente desprovistas de veracidad y se puede, dentro de ciertos límites, darles cierto crédito. Esta narración, además del valor que puede tener como fuente de la historia del pueblo, explica a los habitantes del lugar hechos que acontecieron en el pasado de su pueblo.

Asimismo, se habla de la sustitución de dioses después de la conquista y puede observarse una actitud de familiaridad hacia los santos, quienes se presentan con características humanas, pues al ser golpeado, la actitud de San Benito consiste en enojarse e irse del lugar encontrando en su camino a San Francisco, quien le cuenta que lo madaron para el pueblo. El hecho de que éste finalmente sea aceptado por los habitantes del lugar, da como resultado que en esta ocasión retiren a su demonio, o sea al dios que veneraban en la época prehispánica.

Lacandones de Chiapas

Los miembros de este grupo hablan el idioma lacandón, que forma parte de la familia mayanse. La población lacandona no se encuentra incluida en los censos, por lo cual no se conoce exactamente su número; sin embargo, los investigadores calculan que son alrededor de 300 personas.

Habitan las selvas de la parte oeste del estado de Chiapas; su habitat va del bosque tropical lluvioso en el norte, a la selva tropical en el sur. Viven en pequeñas rancherías a las que se denomina "caribales", los cuales están formados por una familia extensa, que consiste de dos o tres hombres emparentados entre sí y sus respectivas familias. Tanto los hombres como las mujeres visten túnicas blancas largas.

Desde tiempo atrás, se distinguen tres grupos de caribales: el del norte, situado junto a las lagunas de Nohá, Metzabok y Peljá; el de Lacanjá, que se localiza cerca del sitio arqueológico de Bonampak y el de San Quintín, situado cerca del lago del mismo nombre. Estos dos últimos grupos son catalogados genéricamente como lacandones del sur.

Economía

La base de la economía de los lacandones se centra en la siembra del maíz, pero cultivan además plátano, camote, frijol y calabaza. También pescan en los ríos cercanos y cazan con rifles y trampas para obtener la carne de diferentes animales. Asimismo, cultivan tabaco para comerciar con el exterior, fabrican arcos y flechas, tejen hamacas y redes, pulen y decoran jícaras, hacen bolsas de diferentes pieles: de venado y de lagarto, entre otras, y muñecas de barro y madera.

La base de su alimentación es el maíz, con el cual elaboran tortillas, distintos tipos de atoles y tamales; comen también plátanos y camotes, frijol, calabaza, carne de venado y aves, pescado y productos obtenidos de la recolección de árboles y plantas semicultivados y silvestres.

Organización religiosa

Dado que el lacandón es uno de los pocos grupos indígenas que ha permanecido relativamente aislado, no tiene símbolos del catolicismo, como santos o cruces. Conserva ritos, cantos y oraciones que corresponden a la antigua cosmología maya. Todos sus dioses proceden del culto maya; uno de los más importantes es el "Anciano Señor de la Lluvia", a quien llaman *Nojoch-Yum Chac*.

Los rituales de tipo religioso tienen por objeto elevar peticiones a los dioses para que les proporcionen salud, alimentación suficiente y protección en todas las actividades que desempeñan. El grupo lacandón conserva hasta la actualidad el culto a los antepasados, rasgo relevante de la antigua religión maya.

Organización política

La máxima autoridad entre los lacandones es la del hombre de mayor edad de cada caribal; él es quien señala las normas de conducta a sus parientes en todos los asuntos de la vida diaria, asimismo es él quien conduce los ritos religiosos. Se mantienen, por lo tanto, al margen del sistema político municipal del país.

Organización social

La familia consta de padres, hijos y parientes cercanos de los cónyuges. En ocasiones el hombre tiene dos o tres esposas, quienes se alojan en jacales de palma construidos alrededor de una ermita hecha del mismo material, lugar en que se encuentran los objetos de tipo sagrado y donde se celebran los ritos mágico-religiosos.

Los padres del novio son quienes se encargan de realizar los trámites para el matrimonio. La ceremonia se lleva a cabo en casa de la muchacha mediante la intervención de los padres de ambos contrayentes.

El siguiente relato, recopilado por Roberto Bruce (1971: 21-22), se refiere a unas mujeres sobrenaturales a quienes se da el nombre de las Xtabay.

Los antiguos vieron a las Xtabay

Tres lacandones hicieron una peregrinación a la casa de Kanank'ax, Guardián del Bosque, durante el proceso de fabricación de sus nuevos incensarios (en este tiempo se encuentran bajo varias limitaciones rituales, que incluyen la abstención sexual).

Se encontraron con este dios, quien les ofreció encaminarlos hasta su casa. Les advirtió, sin embargo, que tenían que pasar cerca de la casa de las Xtabay (amantes de los dioses menores), y les recomendó que no las vieran, para poder evitar mejor la tentación de quedarse con ellas.

Efectivamente, las Xtabay increíblemente hermosas, seres de color rojo, llamaron a los tres lacandones, invitándolos a engendrar a sus hijas. Dos de ellos se dejaron llevar por ellas, cuando éstas prometieron enseñarles posteriormente el camino a la casa del dios. El otro hombre lacandón siguió obedientemente a Kanank'ax. Después de disiparse con las Xtabay, los dos lacandones desobedientes pidieron que las Xtabay cumplieran lo prometido, enseñándoles el camino a la casa de su dios. Estas les enseñaron el camino que habían de seguir, pero fue un engaño, y el camino en cuestión los conducía de regreso a sus propias casas. Regresaron a las casas de las Xtabay, pero ya no vieron a esos seres seductores... No vieron más que las piedras de una antigua ruina cubierta por la selva. Supieron que jamás podrían volver a ver en una ruina algo más que las piedras que están al alcance del ojo mortal.

El lacandón obediente, por el contrario, fué primero a la casa de Kanank'ax, quemando su incienso y ofreciendo sus plegarias. Su dios le instruyó para que regresara a su casa sin hacer caso de las Xtabay, pero después de que hubiera cumplido todos los requisitos ceremoniales de la fabricación de sus incen-

Los antiguos vieron a las Xtabay.
"Las Xtabay increíblemente hermosas, seres de color rojo, llamaron a los tres lacandones"...

sarios, entonces podría regresar con las Xtabay cuantas veces quisiera. Este fué el premio por su obediencia.

Bruce y otros. (1971: 133-134) explican que se cree que las Xtabay son seres sobrenaturales creados por Hachakyum (una de las deidades principales, quien entre otras cosas creó al hombre lacandón), las cuales tienen primero contacto sexual con el dios cercano y después son las amantes de los dioses secundarios. Las Xtabay son mujeres hermosas de color rojo, color que probablemente esté relacionado con el aspecto sexual.

Este relato tiene una función de control social, ya que mediante el ejemplo del buen lacandón inculca la idea de evitar acciones irresponsables, como apartarse de los deberes rituales para ir en busca del placer que al fin y al cabo se verá recompensado mediante la obediencia a los preceptos de los dioses y la religión.

En toda el área maya, se conocen narraciones sobre las Xtabay, aunque en otros lugares se les asignan diferentes características. Así, en Yucatán, son mujeres descritas en los relatos como muy hermosas, que atraen a los hombres que van solos en la noche y que generalmente se asemejan a la novia o a la amada del hombre que las ve, tomando esa forma para hacerlo caer más fácilmente en la tentación.

Otro relato de los lacandones, recopilado por el mismo autor (1971: 24-25), se refiere a la concepción que tiene este grupo sobre el mundo al cual va la gente cuando muere.

El antiguo vió el bajo mundo

Sukunkyum enseñaba al antiguo (Nuxi') el bajo mundo, con órdenes de contarlo todo a sus semejantes (al regresar a la tierra).

Vieron muchos animales en el bosque del bajo mundo, y cuando el antiguo quiso flecharlos, no se morían, pues eran las almas de los animales que habían muerto en la tierra y sólo podían morirse una vez.

Entonces Sukunkyum le mostró el camino de los muertos, para que lo platicara a sus semejantes. Hubo cuatro pruebas en el camino: perros, gallinas, piojos y un río lleno de lagartos.

Vieron pasar el alma de un hombre muerto por el camino. Cuando los perros quisieron devorar al alma, ésta les tiró un hueso, y pasó corriendo. Cuando las gallinas y los piojos quisieron devorarla les tiró maíz y pelo. Cuando llegó al río lleno de lagartos, llegó el alma de su perro. Esta le dijo a su amo que subiera en su espalda y que se agarrara de sus orejas. Así el perro lo pasó al otro lado del río.

Llegando otra alma, todo sucedió en la misma forma, excepto cuando llegó el alma de su perro, pues ésta lo regañó por haberlo tratado cruelmente en la vida. Su amo le había cortado las orejas y la cola, por lo cual no había de dónde sujetarse a él. Así que el perro le decía que no podía llevarlo a través del río, y su única ayuda consistiría en decirle que podía pasar solo, pues en realidad no existían los lagartos.

Sukunkyum le explicaba a Nuxi' que en realidad no hay ningún peligro en el camino de los muertos, ya que los perros, gallinas (gigantes) y piojos no le harán nada al alma, sino que sólo están para asustarlos, para que no vuelvan a la tierra. El río tampoco existe, sino que es solamente el llanto de las esposas y de los amigos de quienes han muerto.

Otra vez le ordena platicarle todo a sus semejantes.

En esta narración se ponen de manifiesto algunas ideas prehispánicas respecto al bajo mundo, o mundo de los muertos; la principal es la referente al perro que ayuda al alma de su amo a cruzar el río y el concepto de que estos animales deben recibir en la tierra un buen trato por parte de sus dueños, para que cuando ellos mueran el perro les ayude en este trance.

El personaje que le enseña a Nuxi' (el antiguo) el bajo mundo y le explica lo que allí sucede es el propio señor del bajo mundo, llamado Sukunkyum por los lacandones. Esta visita tiene la finalidad de que cuando Nuxi' regrese a la tierra, se encargue de contar a sus semejantes lo que vio y aprendió en aquel lugar.

Mayas de Quintana Roo

La población de lengua maya peninsular se localiza en los estados de Yucatán, Campeche y Quintana Roo. En este último estado, ubicado en el extremo sureste de la república, el idioma maya se habla en todos los municipios; existen actualmente un total de 38,074 hablantes (Horcasitas de Barros y Crespo, 1979).

Quintana Roo, la zona mayormente poblada por los mayas, se sitúa en la parte central, y es el único estado de la península donde solamente la población indígena habla el maya, a diferencia de los otros dos estados, en donde una buena parte de la población mestiza también lo habla.

Las casas en donde habitan los mayas son ovaladas, con paredes de varillas de madera, suelo de tierra apisonada, techo de palma o guano de dos aguas y puertas de varillas y bejucos.

Los hombres visten una especie de camisa holgada y corta, adornada con una hilera de botones, calzón corto, alpargatas de manufactura local que se atan al pie con cordeles de henequén y sombreros de palma; sin embargo, este traje poco a poco va siendo reemplazado por la camisa y el pantalón de fabricación masiva. Las mujeres usan enaguas e *hipik,* o blusa larga, holgada, sin mangas, adornada con flores bordadas con hilos de diferentes colores, rebozo de seda o algodón y generalmente van descalzas.

Economía

Está basada en la agricultura, especialmente el cultivo del maíz, pero también se siembra frijol, chile y calabaza. La propiedad de la tierra es ejidal y las técnicas de cultivo se realizan con el sistema tradicional de tumbar, rozar y quemar.

Como actividades secundarias se encuentran la cría de abejas, la explotación de maderas preciosas y la elaboración de objetos de palma, artículos de fibra de henequén y bordados para el propio consumo.

La baja productividad del suelo es la razón principal de que los jóvenes comiencen a abandonar el trabajo agrícola y busquen empleos como asalariados en la construcción de caminos y en las nuevas ciudades, como Cancún.

Cada familia posee algunas aves de corral y uno o dos cerdos. La dieta incluye maíz, frijol y chile, en ocasiones calabaza y camote, mejorada eventualmente con productos de la cacería y el consumo de animales domésticos.

El antiguo vio un bajo mundo.
*"llegó el alma de su perro. Este le dijo a su amo
que subiera en su espalda y que se
agarrara a sus orejas"...*

Organización religiosa

La religión está fuertemente influenciada por elementos prehispánicos. La jerarquía mayor dentro de la organización religiosa la tiene el *Nohoch Tata,* o Gran Padre, cuyas funciones son mantener el cuidado de los servicios religiosos que se realizan para la cruz protectora.

Los rituales tienen como base el catolicismo, pero con características locales, por ejemplo el culto a la "Cruz Parlante", la cual se comunica con los hombres que fungen como sacerdotes y guardianes a través de símbolos o de mensajes escritos que llevan la rúbrica de Juan de la Cruz Tata Tres Personas. Este culto data de 1850, cuando los mayas de Quintana Roo luchaban contra quienes trataban de desalojarlos de su territorio y fundaron Chan Santa Cruz (Pequeña Santa Cruz), que se convirtió en su capital sagrada y el Santuario de la "Cruz Parlante", originada de la leyenda de una cruz que tenía el don de la palabra, era consejera y protectora de los mayas en su lucha contra los blancos.

El shaman, llamado *H-Men,* se encarga de realizar las diferentes ceremonias religiosas tradicionales. Es quien se entiende con los "señores del monte", llamados *yumtzilob,* que se cree habitan en los montes y aún en la misma comunidad. A los *yumtzilob* se les hacen diferentes ceremonias; otras se dedican a los *chaques,* o dioses de la lluvia. La ceremonia más importante es la que se realiza para atraer la lluvia y que se conoce con el nombre de *Cha-Chaac.*

Entre las festividades más importantes cabe señalar dos: la fiesta de la Santa Cruz, el 3 de mayo, durante la cual se hacen procesiones de pueblo en pueblo, corridas de toros y bailes, y coincide con el comienzo de la temporada de lluvias. La otra fiesta se lleva a cabo el

Sábado de Gloria, fecha en que se revive la costumbre prehispánica de encender el Fuego Nuevo, *Tumbul Kak,* durante la cual se mantienen apagados todos los fogones y después se vuelven a encender por un mismo fuego; éste constituye una propiedad de la comunidad y a la vez refuerza la identidad del grupo.

Organización política

Los funcionarios de los pueblos indígenas de la parte central del estado tienen títulos de "comandante", "capitán", "sargento", etc., unidos a los de "Sumo Pontífice", o *Nonoch Tata,* "Escribas" y "Rezadores", que constituyen una especie de teocracia militar.

El pequeño cacicazgo, reconocido por unas dos mil personas, tiene su capital sagrada en el pueblo de X-Cacal. Asimismo, en los distintos municipios existen los cargos oficiales que rigen la administración de los estados de la república.

Organización social

El matrimonio se realiza tanto civil como eclesiásticamente, y en algunos pueblos todavía se sigue la costumbre del *muhul,* o "entrega de la dote", y la del *hancab,* o "servicio del novio". La primera ceremonia se realiza en casa de la novia; el muchacho entrega a su prometida diferentes obsequios, como arracadas y cadenas de oro, peines, toallas y espejos, así como bebidas y alimentos que serán consumidos en dicha reunión. En esta ocasión se establece el tiempo que el novio habrá de convivir con la familia de la novia para ayudarla en el trabajo agrícola, a lo cual se denomina *hancab.*

Con esa ceremonia se cierra el lazo tradicional del

matrimonio y más adelante la pareja va a vivir con los padres del muchacho y algún tiempo después construye su propia casa, generalmente cerca de la de aquéllos, lo cual da lugar a un conjunto de casas de hijos varones que habitan con sus esposas alrededor de la casa del padre.

El compadrazgo tiene mucha importancia pues crea lazos de parentesco espiritual que implican respeto y ayuda mutua.

Los mayas del estado de Quintana Roo dicen que no pertenecen al mismo grupo que los mayas de otras regiones. Todas las personas que nacen dentro de sus pueblos y que siguen sus tradiciones y costumbres, son llamados *macehualob,* término que no tiene significado racial, pero que sí proporciona sentimientos de unidad al grupo.

El siguiente relato, corto pero significativo, recopilado por Villa Rojas (1978: 297), se refiere a una especie de duende que habita en las milpas.

El arux

El arux reside donde hay montículos antiguos con restos de cerámica que usaron los antepasados. Es como un niño. Anda con alpargatas y sombrero; también tiene escopeta y perro. Este último es muy pequeño. En ocasiones cuando un hombre va por el monte, suele oir los disparos del arush *y los ladridos de su perro; esto indica que está de caza. Los animales que mata son de "puro aire", como él y su perro.*

El mismo autor (1978: 297-298) explica que "los *arushes* son una especie de duendes que andan por las milpas y los montes haciendo travesuras a los hombres con objeto de que se fijen en ellos y les regalen comida. De no conseguir sus deseos, pueden llevar sus travesuras hasta el punto de causar perjuicios en la milpa u ocasionar alguna enfermedad a través de los 'vientos' que deja a su paso. Por el contrario, si el milpero los atiende y les dedica algunas ofrendas, el *arush* se torna bueno y se convierte en guardián del maizal. Mientras cumple esta función nadie puede robar o dañar los frutos..."

Se dice que para vigilar adecuadamente, el *arush* no duerme y cuando lo hace, mantiene los ojos abiertos. Se piensa que procede de los antiguos ídolos de barro que se localizan en los sitios arqueológicos.

La creencia en diferentes seres —entre los que se encuentra el *arux*— se relaciona con la existencia de un mundo sobrenatural del que depende la vida del hombre. Por lo tanto, se pone de manifiesto que se debe propiciar a todos aquellos seres pobladores de dicho mundo, para que ayuden al hombre en lugar de causarle males.

Los duendes llamados *arushes* son conocidos en otros lugares de la península; en Yucatán se les da el nombre de *alux,* lo cual muestra que los distintos grupos mayas se unifican a través de sus creencias.

Otro relato, recopilado también por Villa Rojas (1978: 441-442), explica las causas de la decadencia del grupo maya.

Causas de la decadencia

En los tiempos muy antiguos esta tierra era de los Mayas. No se conocía a los blancos. Don Juan

Tutul Xiu era el Rey y residía en Ichcaansiho (Mérida); desde allí iba a hacer sus oraciones a Tulum. En ese lugar existe todavía un retrato de ese Rey grabado en piedra. Fué en su tiempo que llegaron a esta tierra los tres primeros blancos. Vinieron por el mar y se bajaron en Tulum. Como eran pocos el Rey no les dió importancia ni les hizo caso. Por lo contrario, sus hijas, las tres princesas se enamoraron de ellos sin dárselo a saber al padre. El secreto, sin embargo, no se pudo guardar, pues, al cabo de cierto tiempo, las princesas quedaron embarazadas. A causa de esto, el Rey sufrió un gran disgusto y expulsó a los extranjeros. Posteriormente, los blancos volvieron en número mayor e invadieron la tierra de los mayas. Algunos príncipes y princesas hicieron alianza con los invasores, poniéndose así en contra de Don Juan Tutul Xiu. Ante esta traición, el Rey resolvió emigrar de esta tierra, yéndose hacia el oriente a formar otro reino con sus adictos. El camino que siguieron fué subterráneo y aún hoy puede verse en Tulum la entrada del mismo prolongándose por debajo del mar. Muchos han tratado de seguir este camino, pero, a poco de andar, salen atemorizados al escuchar ruidos misteriosos. Algunos dicen haber visto en ese subterráneo huellas de animales domésticos.

Antes de emigrar Don Juan Tutul Xiu, anunció que, desde su retiro, estaría pendiente de la conducta de los mayas: si veía que éstos se entregaban a los invasores o a los soldados federales, entonces, haría que Dios corriese una cortina negra sobre el sol, causando así la destrucción del mundo. Por lo contrario, si hubiese algunos que supiesen mantenerse

El arux.
"También tiene escopeta y perro.
Ese último es muy pequeño"...

"separados" de ellos o, cuando menos, en alianza con extranjeros que, por designio de Dios, supiesen leer los jeroglíficos antiguos, entonces, Don Juan Tutul Xiu retornaría del oriente para reinar como antes entre los suyos.

El relato es de tipo histórico y explica las reacciones de los habitantes mayas ante la llegada de los primeros blancos —y aún la de los invasores de épocas más recientes, ya que se habla de los federales—, las alianzas con ellos y el enojo de su "Rey" quien, ante la traición, decide abandonar a los suyos, no sin antes prevenirlos de que estará pendiente de ellos para que se mantengan alejados de extraños que no entienden su cultura; los alienta a seguir con sus tradiciones y a mantener la cohesión del grupo.

Tarahumaras de Chihuahua

Los hablantes del idioma tarahumara ocupan veintiséis municipios del estado de Chihuahua y dos del estado de Durango, con un total de 22,980 hablantes en el primer estado y 202 en el segundo (Horcasitas de Barros y Crespo, 1979). Los municipios con mayor población tarahumara en Chihuahua son Balleza, Batopilas, Bocoyna, Carichíc, Guachochi, Guadalupe y Calvo, Guazápares y Urique.

Los tarahumaras, que se llaman a sí mismos *rarámuri,* viven en casas generalmente hechas de madera durante la mayor parte del año y en el invierno se trasladan a cuevas.

Los hombres visten con taparrabo y faja alrededor de la cintura, camisa corta de percal blanco, sandalias de cuero crudo, vincha o banda en la cabeza, llevan bolsas de cuero en donde llevan dinero, cuchillo, tabaco, etc., y durante el invierno usan mantas para cubrirse. Las mujeres visten con blusa, falda amplia, faja, sandalias, banda en la cabeza y en invierno usan un chal de algodón o franela.

Economía

Se basa en la agricultura, el pastoreo, la caza y la recolección. Los tarahumaras siembran maíz, frijol y calabaza; también cultivan tabaco, trigo y en algunos lugares chile, papa y camote. Para plantar se desmonta y se queman los árboles secos, generalmente las cenizas son usadas como fertilizante. Crían animales como vacas, cabras y ovejas y el estiércol se utiliza como fertilizante. Las ovejas son apreciadas por su lana y el ganado es usado para arar.

Los vecinos se reúnen para realizar trabajo comunitario cuando alguien necesita sembrar su pequeña parcela familiar y a cambio se les invita tesgüino; este tipo de trabajo cooperativo es una característica de su cultura.

Otros trabajos son la explotación de maderas, como el pino, el fresno, el madroño, el cedro y la encina. Arboles que les proporcionan madera para la construcción y leña para el hogar.

Las mujeres tejen en telares horizontales la mayoría de sus prendas de vestir. Tejen también *waris,* o canastas, con una especie de palmilla llamada *pitaka* y con carrizo aplanado hacen petates. Tanto hombres como mujeres elaboran objetos de cerámica: ollas para el tesgüino, ollas para cocinar, ollas con asas y comales.

La base de la alimentación tarahumara es el maíz, con el cual se elabora tortillas, pinole y tamales. También se consume frijol, calabaza, verduras, frutas y ocasionalmente carne.

Organización religiosa

Los tarahumaras reconocen a las divinidades católicas, Dios y la Virgen María, aunque también existe la creencia en una divinidad que es padre y madre a la vez, o sea una divinidad dual, como supervivencia de sus antiguas creencias.

Los dioses son ubicados en el sistema solar. Otorgan vida a todo objeto animado e inanimado. Utilizan el signo de la cruz, el cual tiene un papel importante en las ceremonias religiosas. La forma en que veneran y honran a sus deidades es mediante el *tónare,* reunión de sacrificio acompañada por grandes cantidades de bebida, que organiza el *owirúame,* o sacerdote.

Igualmente importantes son las *tesgüinadas,* reuniones en las que se bebe el tesgüino en forma ritual; dicha bebida se hace a base de la fermentación del maíz y el triguillo.

Entre las fiestas de mayor importancia que se celebran durante el año se pueden mencionar la Semana Santa, la Pascua y el día de Muertos, en las que se presentan danzas como la de los Matachines, acompañada con sonajas, violín, tambor y a veces arpa; instrumentos musicales que por lo general ellos mismos fabrican.

Asimismo hay fiestas que abarcan todos los acontecimientos de la vida diaria del grupo, incluyen la idea de una "curación ceremonial"; entre éstas figuran las fiestas para curar animales, milpas y personas, para atraer lluvia, para prevenir y sanar enfermedades, para cumplir ritos relacionados con el nacimiento y la muerte. En todas estas celebraciones se sacrifica un animal, se baila en el patio de la casa y generalmente se bebe tesgüino.

Los tarahumaras o rarámuris en la actualidad se dividen en dos grupos por lo que respecta a sus ideas religiosas, los que están bautizados y se les da el nombre de *conversos* y los que rechazan la religión católica, llamados *gentiles.*

En términos generales puede decirse que la influencia de los misioneros católicos, que comenzó en el siglo XVIII, ha dado como resultado un sincretismo que se manifiesta en su religión de tipo pagano-cristiano.

Organización política

Los funcionarios son personas respetadas; cuando desempeñan su cargo, portan bastones que simbolizan su autoridad. Estos bastones son guardados por un hombre a quien se da el nombre de *dopíli,* quien tiene la obligación de sacarlos cada vez que se necesitan.

Para el gobierno civil existen los cargos siguientes: Gobernador, Teniente, Alcaide, Capitán, Mayor y Fiscal, siendo el primero el más importante, ya que es el líder de los demás, quienes son considerados como sus consejeros.

El Gobernador es quien representa a su pueblo en asuntos foráneos y funge como juez en los asuntos de la comunidad, trata de resolver litigios y de evitar disputas entre la gente. Asimismo, está pendiente de que las personas asistan a la iglesia los domingos y es también el responsable de las fiestas que allí se celebran. Se elige por votación popular y la duración de su cargo no tiene término fijo, ya que se mantiene en el puesto durante el tiempo que las personas así lo deseen.

Organización social

El encargado de la propuesta matrimonial es un funcionario llamado Mayor, quien, a petición del joven o

Causas de la decadencia.
*"sus hijas, las tres princesas se
enamoraron de ellos"...*

de su padre, habla con la familia de la muchacha; pero, como sirve a ambas partes, ocasionalmente puede presentar la petición de los padres de una muchacha a un joven.

Después de que se hacen los arreglos, la pareja y sus padres se reúnen para la ceremonia que se lleva a cabo en la iglesia y quien se encarga de casarlos es precisamente el Mayor; hay ocasiones en las que algún tiempo después se realiza la boda formal durante la visita del sacerdote.

Existen familias tanto nucleares como extensas; el padre es la mayor autoridad dentro de la familia; las decisiones a nivel de grupo se toman mediante la opinión de todos los jefes de familia.

Los tarahumaras cristianos establecen relaciones de compadrazgo a través del bautismo, ceremonia a la que se llama *pagóri* o *mutúri*.

Los integrantes de este grupo son afectos a los juegos. En las reuniones domésticas los hombres practican el "cuatro", un juego en el que se tira con tejos a distintos hoyos que se hacen en el suelo, y el "quince", un juego de tablero que se pinta en el suelo. Sin embargo, una de las recreaciones más importantes y características son las carreras, en donde se apuesta y se hacen preparativos mágico-religiosos a los corredores. Los hombres participan en las carreras de bola *(rarapípama)* y las mujeres en las carreras de aros *(arewara)*.

En la siguiente narración recopilada por Carl Lumholtz (1970, vol. I: 294-295) se muestra la forma en que los seres sobrenaturales son humanizados.

Tata Dios y el diablo

Tata Dios bajó al mundo. Tenía en su casa muchas grandes ollas llenas de fuerte tesgüino. Al otro lado del río Huerachíc, en las barrancas, vivía el diablo, que era muy pobre y sólo tenía un jarrito de tesgüino malo. El diablo y su hermano convidaron a Tata Dios a que fuera a beberlo con ellos, y habiendo aceptado le dieron el jarro y la jícara, y se sentó a beber; pero no pudo emborracharse porque no había suficiente licor. Cuando hubo vaciado el jarro, dijo Tata Dios: "Ahora vamos a beber tesgüino a mi casa, porque yo también tengo". Aceptaron la invitación; fuéronse todos juntos y Tata Dios les dió una gran olla llena de tesgüino y la jícara para beberlo, lo que no dejaron de hacer, entreteniéndose al mismo tiempo en cantar como los mexicanos, hasta que ambos rodaron por el suelo completamente ebrios. Ya muy entrada la noche, se levantó el diablo y se acostó con la mujer de Tata Dios. Cuando ella despertó, enojóse muchísimo e hizo levantar a su marido, quien emprendió pleito con el diablo hasta que éste lo mató. Pero Tata Dios resucitó al rato y dijo al Diablo: "Ahora sal de aquí y vete lejos". "Voy a mi casa por mis armas", repuso el diablo; pero fuese primero a la habitación de Tata Dios y le robó su dinero y cuanto tenía, ocultándolo todo en su casa, a donde fué a buscarlo Tata Dios. Este, nuevamente irritado, púsose otra vez a pelear hasta que quedó muerto; pero tornó a levantarse y dijo al diablo: "Húndete", y desde entonces se hundió el diablo y ha permanecido debajo de la tierra, mientras que Tata Dios continúa en su casa.

Este relato es muy significativo, pues muestra claramente la forma en que una cultura dada reelabora elementos nuevos. Dios y el diablo como tales son conceptos introducidos con la Conquista, aunque se sincretizaron con otras deidades cuyos atributos podían ser equiparables.

El sabor local es evidente, ya que el diablo vive en una barranca de la región tarahumara, y tanto él como Dios tienen en su casa ollas de tesgüino, aunque de diferente calidad, se emborrachan y cantan juntos como si fueran seres humanos; el diablo, como ser maligno que es, se acuesta con la mujer de Tata Dios y no conforme con esto le roba sus cosas, lo que da lugar a una pelea, en la cual Tata Dios muere y revive dos veces, triunfando finalmente sobre el diablo sin ningún otro mérito que su autoridad.

Otro relato de este grupo es un cuento de animales recopilado por Maurilio Muñoz (1965: 25-26).

El grillo y el león

Un día un león iba por un llano, muy quitado de la pena. Se detuvo en su camino y levantó una laja debajo de la cual estaba un grillo. El león, sin darse cuenta, pisó al grillo en una patita; el grillo gritó: ¡Epale! ¿por qué me pisas? ¿Acaso crees que no me duele? Si yo quisiera en dos por tres también te causaría daño. El león contestó: ¿Qué me vas a hacer tú, pequeño animal? Veremos, y para esto haremos una guerra. Tú juntas a todos tus amigos que serán tus soldados y yo junto a los míos y los enfrentamos. Entablaremos una guerra en la laguna y así veremos quien es el vencedor.

El león juntó a todos sus amigos que incluyen coyotes, zorras, tigres, osos y todos fueron al lugar señalado para esperar a los soldados del grillo y empezaron la lucha.

El grillo, por su parte, juntó a los jicotes, hormigas, abejas, avispas y otros insectos que fueron llevados hasta el lugar indicado.

El combate se inició, los partidarios del grillo picaron a los partidarios del león y los insectos eran tantos y tan pequeños que con facilidad ganaron al león y a sus soldados.

De este cuento de animales se han recolectado diferentes versiones entre varios grupos indígenas; por ejemplo, entre los nahuas y entre los chinantecos. Se puede observar la humanización de los animales, el enojo del grillo y su reto al león. El desarrollo de los acontecimientos muestra que no hay enemigo pequeño y que, finalmente, la victoria y el manejo de las situaciones no reside en el tamaño o la fuerza del adversario.

Mazatecos de Oaxaca

Los hablantes del idioma mazateco son en la actualidad
93,376 personas. El municipio con un mayor número
de hablantes es Huautla de Jiménez (Horcasitas de Barros y Crespo, 1979). Habitan la parte norte del estado
de Oaxaca; la Sierra Madre Oriental —o Sierra de Huautla— cruza la zona dividiéndola en dos: la Cañada Mazateca al oeste y la zona de la Presa al este. Las casas
se construyen con carrizo, madera o adobe, tienen techo
de paja, zacate o lámina y pisos de tierra apisonada.

La indumentaria de los hombres consta de camisa y
pantalón de tipo comercial y en algunos lugares todavía
usan calzón de manta y camisa del mismo material. Las
mujeres usan falda larga y huipil de cuello redondo, con
listones de colores en franjas y diferentes motivos bordados con hilos de colores.

Tata Dios y el diablo.
*"desde entonces se hundió el diablo y ha
permanecido debajo de la tierra"...*

Economía

Se basa en la agricultura; se siembra principalmente maíz, frijol y calabaza y también otros productos como tabaco, arroz, caña, café y árboles frutales.

Para la agricultura los mazatecos usan la coa, la barreta, el azadón y el machete; algunos usan también el arado y la yunta para la tracción. Generalmente utilizan el sistema de roza y quema aprovechando las parcelas por seis o siete años, dejando después descansar las tierras durante varios años.

Como actividades complementarias se contratan como peones en la pizca del café y el corte de caña; se dedican a la pesca en los ríos cercanos; fabrican sillas, mesas, bancos e instrumentos musicales como violines y guitarras, así como objetos de cerámica: ollas, cazuelas, jarros y cántaros. Las mujeres hilan y tejen algodón para fabricar sus huipiles, camisas, enaguas, servilletas y ceñidores. También tejen lana con la que hacen cotones.

La economía es de autoconsumo y exteriormente venden algunos productos en los mercados locales. Por lo que se refiere a la venta del café a los mestizos de la zona, participan en un mercado más amplio de tipo capitalista.

La base de la alimentación es el maíz, complementándola con frijol, chile, calabaza, algunas legumbres y frutas de la región y en forma menos frecuente carne de animales domésticos.

Organización religiosa

La mayoría de los mazatecos practican la religión católica y cada pueblo tiene un santo patrón; hay también pequeños grupos de protestantes.

La iglesia está al cuidado del llamado "presidente de la iglesia" y en algunos lugares, del sacristán. Hay, asimismo, cantores y rezanderos que participan en diferentes ceremonias relacionadas con nacimientos, matrimonios, muertes, enfermedades y actos de propiciamiento agrícola.

Existen creencias relacionadas con las fuerzas sobrenaturales que causan enfermedades como la "pérdida del alma", el "mal de ojo", el "susto" y los "aires". Para aliviar estos males se recurre a los curanderos o a los shamanes, quienes utilizan los hongos alucinógenos, provocadores de un trance, que permite diagnosticar y curar los males invocando a diferentes espíritus y seres sobrenaturales —que pueden ser catolicos o no. Generalmente invocan conjuntamente a la Virgen María, a diversos santos y a los Dueños de los Cerros o a los chaneques, que evidentemente son supervivencias de creencias prehispánicas.

Las fiestas importantes, como las patronales, son celebradas por los mayordomos de las imágenes, quienes durante el tiempo que duran en su cargo tienen la obligación de atender al santo y cuidar sus bienes. En ocasión de estas fiestas se toca música, se celebran misas, se instalan ferias con juegos mecánicos y se prenden cohetes y fuegos artificiales.

Organización política

Los cargos de tipo municipal están en manos de los mestizos en las localidades que tienen categoría política de cabeceras o que cuentan con mejor comunicación; cuando se trata de comunidades más pequeñas y aisladas, el cabildo se encuentra dirigido por los indígenas.

Los jóvenes empiezan a participar como topiles o policías y después pasan a ocupar puestos de mayor importancia como regidores, tesorero, agente municipal —en los pueblos— y presidente municipal —en las cabeceras.

El único puesto remunerado es el de secretario, que existe en todos los pueblos. Las características que debe reunir una persona para ocupar este puesto son: saber leer y escribir, ser bilingüe y saber escribir a máquina.

Las autoridades municipales se eligen de acuerdo con los cargos que hayan desempeñado las personas anteriormente; se va pasando de los de menor importancia a los de mayor responsabilidad, o sea que esta organización funciona más bien como un sistema de cargos tradicional que conforma a las formalidades municipales.

Quienes desempeñan cargos religiosos participan también dentro de la organización gubernamental.

Organización social

Generalmente son los padres quienes se encargan de llevar a cabo los arreglos para el matrimonio de dos jóvenes. Una vez realizados aquéllos tienen lugar las ceremonias civil y religiosa y después de esta última, se hace una fiesta en la casa del novio. Hay familias tanto nucleares —padre, madre e hijos—, como extensas —padre, madre, hijos solteros e hijos casados con sus esposas e hijos.

El compadrazgo es muy importante; hay padrinos de bautizo, de matrimonio, de difunto y otros. Los de matrimonio deben hacer regalos de tipo ritual a los novios, tales como anillos, ropa y siete monedas de plata. En el caso de una defunción, los padrinos llevan cigarros, bebida y dinero a los parientes del difunto.

Cabe señalar que la construcción de la presa Miguel Alemán en los años cincuentas, por cuyas obras se desalojó a una parte de la población mazateca, para reubicarla en otras áreas de la zona, produjo cambios a diferentes niveles, que sólo han sido aceptados en forma parcial.

Un relato recolectado por Carlos Incháustegui (1977: 67-68) entre el grupo mazateco es el siguiente.

El fuego y el Tlacuache

Dicen que esta era una vieja que consiguió detener la lumbre cuando apenas se desprendió de algunas estrellas o planetas. Ella no tuvo miedo y fué a traerla donde se cayó la lumbre y así la detuvo mucho tiempo, hasta que llegó un tiempo en que todos pensaron que esa lumbre iba a ser para todos y no para la vieja nada más y entonces se iban las gentes a la casa de la vieja a pedir lumbre; pero la vieja se puso brava y no quería dar a ninguno. Y así corrió el tiempo y corría la voz de que aquella vieja ya consiguió detener la lumbre, pero no quería regalar. Entonces intervino el Tlacuache y dijo a los asistentes:

—Yo, —Tlacuache, me comprometo a regalar la lumbre, si no me van a comer ustedes.

Entonces hubo una burla muy grande al pobre animal, pero éste, muy sereno, contestó así:

—No me sigan burlando, porque la burla es para ustedes mismos, no es para mí, así que esta misma tarde verán ustedes cumplidas mis promesas.

Al caer la tarde del mismo día, pasó el Tlacua-

che visitando casa por casa diciendo que él iba a traer la lumbre hasta donde está la vieja, pero que los demás recogieran cuanto puedan. Y así llegó hasta la casa de la vieja y le habló así:

—Buenas tardes Señora Lumbre, ¡qué frío hace! "Yo quisiera estar un rato junto a la lumbre y calentarme, porque me muero de frío."

...La vieja creyó que era cierto que tenía frío el Tlacuache, y le admitió acercarse a la lumbre al Tlacuache; pero éste, muy astuto, se fué arrimando más y más hasta poder meterse en la lumbre, metiendo su cola y así poder llevar. Pues una vez ardiendo su cola se fué corriendo a repartir la lumbre hasta donde pudo alcanzar.

Y fué por eso que hasta ahora los tlacuaches tienen la cola pelada.

En este texto se puede apreciar la explicación que dan los mazatecos a la forma en que los humanos adquirieron el fuego, uno de los elementos indispensables para la vida, ya que con él se cuecen los alimentos y se proporciona calor al hogar. Utilizan como personaje principal al tlacuache, animal que es considerado astuto y que ofrece hacer un bien a los hombres a cambio de no ser comido por ellos. El animal logra engañar a la vieja "Señora Lumbre" y haciendo el sacrificio de quemar su cola, lleva el fuego a los humanos y les comprueba que era capaz de cumplir su promesa.

Entre diferentes grupos indígenas se encuentran narraciones en las cuales se ve a los animales como benefactores de los hombres, puesto que a través de ellos logran conseguir diferentes objetos o cultivos que les son indispensables.

El grillo y el león.
"el león sin darse cuenta, pisó al grillo en
una patita"...

En otra narración recolectada entre los mazatecos por el mismo autor (1977: 113) se cuenta acerca de la existencia de pequeños duendes.

Los La'a

Un día mi bisabuela estaba leñando en el potrero cuando sintió un ruido como si viniera arreando ganado, se oían risas, gritos y hasta tocando una guitarra. Ella estaba buscando quiénes y de dónde venían esas gentes cuando miró debajo de los matorrales y vió que venían los "La'a" montados en mazates (que son su caballo), con sus lazos arreando venados (que son su ganado). Un "La'a" le dijo:

—María Luz ¿Qué estás haciendo?... Como si fuera persona conocida, porque ellos saben los nombres de todos porque son los dueños de la tierra y escuchan todo lo que se dice.

Mi bisabuela contestó y preguntó:

—¿Cómo se llama usted?...

—No tengo nombre, le contestó. Ya me voy...

Porque ellos no tienen nombre. Mi bisabuela era joven, güera, y dicen que él se enamoró de ella.

Al tercer día se le apareció y le dijo:

—Tú vas a ser mi esposa...

La enamoraba igual que enamora la gente. Ella no dijo nada. Llevaba un puro y mordió y masticó un pedacito para que el "La'a" no se apoderara de ella. Le sopló y desapareció.

Seguro que se enamoró de mi bisabuela porque sus mujercitas son como ella en carácter y en cuerpo.

Este relato es del tipo de los que se cuentan como experiencias personales, ya que los acontecimientos le sucedieron a la abuela del informante. Puede apreciarse la creencia en la existencia de pequeños seres sobrenaturales, que se dice viven en las montañas y hacen travesuras o molestan a los hombres, pero solamente algunas personas son capaces de verlos. Dentro del mismo relato se proporciona a los oyentes la fórmula para hacerlos desaparecer y deshacerse de ellos en caso de encontrarlos.

Chinantecos de Oaxaca

El grupo de lengua chinanteca que habita la región conocida como "La Chinantla", se localiza en la parte noreste del estado de Oaxaca. El total de hablantes es de 52,313 personas distribuidas en quince municipios (Horcasitas de Barros y Crespo, 1979). Cabe señalar que la lengua chinanteca tiene en diferentes lugares, distintas formas dialectales.

En esta área de numerosos ríos y altas montañas existen diferencias de clima y vegetación que le dan al lugar características y riquezas naturales, las cuales delimitan cinco subregiones; tres de ellas situadas en planicies, con selvas húmedas, y dos cercanas a la Sierra Madre Oriental. En la zona de las planicies se concentra el mayor número de habitantes chinantecos; es allí donde se tiene contacto con el exterior y allí también tienen salida sus productos.

Las casas se construyen con madera, otate, piedra o adobe, con techo de palma o zacatón; los materiales utilizados varían, según se encuentren en la región.

Las mujeres visten huipiles blancos de uso diario y otros con elaboradas figuras geométricas de distintos colores, para ocasiones especiales. Los hombres visten igual que los mestizos de la región, con camisa y pantalón de tipo comercial.

Economía

La base de la economía es la agricultura. Se siembra maíz, frijol, chile y árboles frutales. También tiene importancia el cultivo de tabaco, café y algodón. En cuanto al tabaco, en Valle Nacional se produce uno de muy buena calidad.

Los chinantecos generalmente comercian con los zapotecos, ya que sus pueblos carecen de mercados, a excepción del que se encuentra en Yolox y los habitantes del Valle Nacional, Ojitlán, Yetla y Ozumacín, los cuales tienen buena comunicación con otros lugares y compran y venden mercancías en distintos mercados.

Poseen ganado en pequeñas cantidades, en especial reses, caballos y cerdos. Igualmente, tienen gallinas y guajolotes en buena cantidad. Algunas personas se dedican a la cría de abejas para la producción de miel.

Como actividades secundarias, se dedican a la caza y a la pesca; elaboran objetos de cerámica, ollas, cazuelas, jarros, etc. Las mujeres hilan y tejen en telares de cintura. Los hombres fabrican canoas, redes y arpones. Asimismo, hacen chiquihuites y canastas de bejuco.

La base de la alimentación la constituyen el maíz, el frijol y el chile, complementada con frutas de la región y esporádicamente carne de animales domésticos.

Organización religiosa

Después de la Conquista se impuso entre los chinantecos, con relativa facilidad, el catolicismo a través de las enseñanzas de los frailes, mediante cantos, música y danza, se encontró un fértil terreno entre los habitantes de la Chinantla.

Para atender los asuntos religiosos se nombran diferentes funcionarios, generalmente fiscal y sacristanes; además, los cantores de letanías son importantes en algunos pueblos.

Normalmente se nombran mayordomos que se encargan de organizar las fiestas en honor de diferentes imágenes; entre las de mayor importancia se cuentan las patronales, la Semana Santa, la de la Virgen de Guadalupe y la de Todos Santos en la cual se ponen ofrendas con comida, ceras y frutas para los familiares difuntos.

Organización política

El sistema político chinanteco está integrado al municipal que rige en la República, pero, además de los cargos de Presidente Municipal, Regidores y Síndicos, se nombran entre los ancianos a otras autoridades de tipo local-tradicional, a las que se les llama "Primer Mayor" y "Segundo Mayor". Para ayudar a los funcionarios se nombran topiles o policías.

Los adultos de cada comunidad deben participar en el "tequio", o trabajo comunal, en obras para beneficio del pueblo; entre estos trabajos destacan la construcción y reparación de caminos y puentes.

Organización social

Para realizar el matrimonio, el joven comienza por

El fuego y el tlacuache.
*"una vez ardiendo su cola se fue corriendo
a repartir la lumbre"...*

llevar algunos regalos a los padres de la novia, o bien los padres del muchacho, acompañados por su padrino, visitan a los de la novia, haciendo la petición y llevando los regalos. Por lo general, después de dos o tres visitas se hacen los arreglos formales y pasado cierto tiempo se efectúan las ceremonias, civil y religiosa, o en ocasiones sólo la primera. Concluida la ceremonia se hace una comida. Por lo regular la nueva pareja vive durante un tiempo en la casa de los padres del muchacho, aunque ocasionalmente se establecen por separado.

El compadrazgo en general es importante, pero el lazo de este tipo más fuerte es el que se establece a través del bautismo. Las obligaciones del ahijado cuando es mayor, son llevar leña y comida ocasionalmente al padrino, y en caso de que no tenga familia directa, encargarse de su entierro. El padrino generalmente acompaña a los padres del ahijado a hacer la petición de la novia, cuando éste decide casarse.

El relato que a continuación se presenta fue recopilado por Roberto J. Weitlaner (1977: 179-180) y muestra una creencia difundida entre algunos pueblos indígenas.

La mujer que tenía dos almas

Un hombre se casó con una mujer y esta mujer tenía dos almas y tuvo relaciones con otros hombres. Una vez la mujer estuvo descontenta con su marido y su esposo se fué al monte a pasar la noche a la troje y la mujer se quedó en la casa.

Durmió sobre el tapanco de la troje con su machete en la mano. En la noche vino un tigre y subió al tapanco y de allí se llevó al hombre sobre el lomo al monte y allí quería el tigre comerse al hombre. El hombre no inhalaba con su nariz y el tigre pensaba que el hombre ya había muerto porque ya no soplaba. El tigre cortó unas ramas y con éstas tapaba al hombre.

Salió el tigre a buscar a su compañero para comer al hombre.

Este oyó al tigre y también oyó la respuesta del compañero del tigre y entonces subió a un palo y allí se quedó hasta la madrugada. Los animales vinieron pero solamente encontraron las ramas y empezaron a buscar al hombre. Uno de los tigres se quejó del otro porque lo había engañado pero al fin encontraron al hombre sobre el palo. Subió el tigre al palo y el hombre cortó con su machete la pata del tigre y el tigre cayó abajo, era la mujer del hombre. Los dos animales se fueron. El león (este es el compañero del tigre) llamó a sus otros compañeros pero ellos no vinieron. Cuando ya amanecía bajó el hombre del palo con mucho miedo, encontró la muñeca del tigre debajo y se la llevó a su casa.

Su mujer ya había avisado a las autoridades que su marido le había cortado la mano. Las autoridades llamaron al hombre al municipio. Llegó el hombre y le preguntaron:

—¿Es verdad que tú le cortaste la mano a tu mujer?

El contestó que no le había quedado otra cosa que hacer porque el tigre le hubiera matado.

Entonces las autoridades preguntaron a la mujer:

—¿Por qué has hecho esto con tu marido?

Y él y su mujer regresaron a la casa y ahí murió en unos pocos días la mujer de pura vergüenza.

La creencia referida en este relato se relaciona con la existencia de nahuales en la comunidad, es decir, personas que tienen la facultad de convertirse en animales, conversión que realizan durante las noches, adquiriendo con la transformación las características del animal. Se cree que estas personas son brujos, quienes, mediante prácticas de tipo mágico, logran dicha transformación para beneficio propio y perjuicio de los demás. Por lo general estas personas son muertas por su víctima, quien hiere al animal nahual, castigando así sus actividades negativas.

Otro relato, recopilado también por Weitlaner (1977: 88), se refiere a la ayuda que ciertos animales dieron al hombre en tiempos antiguos.

La tuza trajo el maíz

Un día la tuza encontró gentes en la orilla del río.

La gente no podía cruzar el río porque estaba muy grande, entonces vino la tuza y dijo:

—Ustedes no pueden pasar el río, pero yo sí puedo pasar el río para traer maíz.

Entonces la tuza hizo un camino abajo del río y llegó al otro lado, allá tumbó maíz y lo trajo a este lado.

La tuza trajo las tres clases de maíz. Llegó el ratón hasta el otro lado por el mismo camino y regresó con semillas de chile y tomate, desde entonces la gente tenía maíz, chile y tomate que sembraban en la orilla del río.

La tuza, según este relato, proporcionó a los hombres el maíz, cultivo indispensable para su subsistencia, así como las semillas del chile y del tomate. Se aprecia, nuevamente, la creencia de algunos grupos indígenas de que existen animales benefactores de los hombres, los cuales en épocas antiguas brindaron sus servicios a éstos. Esto está representado claramente en sus relatos y, tal vez, pensando en una forma de agradecimiento, los integrantes de este grupo no acostumbran cazar a las tuzas.

Mixes de Oaxaca

Los hablantes del idioma mixe suman un total de 51,636 personas, distribuidos en veintitrés municipios (Horcasitas de Barros y Crespo, 1979), que se localizan en el noreste del estado de Oaxaca. El clima de la región es frío, brumoso y con abundantes lluvias.

Las habitaciones de los mixes están hechas de paredes de adobe y techo de paja y en algunos lugares, de lámina.

Las mujeres visten huipil blanco con diseños rojos o azules, o falda y blusa. Los hombres usan camisa y pantalón, o calzón de manta blanca y huaraches.

Economía

Se basa en la agricultura. Se siembra maíz y frijol principalmente para el autoconsumo, y para la venta se produce tabaco, papa, árboles frutales y café, el cual, a últimas fechas, ha cobrado bastante importancia.

Los La'a.

"llevaban un puro y mordió y masticó un pedacito para que el "La'a" no se apoderara de ella"...

En el trabajo agrícola se siguen empleando instrumentos de origen prehispánico, machetes, palas y coa; se utiliza el sistema de roza y quema, con rotación de terrenos.

Como actividades secundarias se encuentran la elaboración de textiles, básicamente huipiles que se hacen en telar de cintura; la cerámica y la cestería. Se practica la pesca y la caza, y las pocas pieles que se obtienen, se venden a los zapotecos de Yalalag. En algunas ocasiones, los mixes se dedican al trabajo de arrieros asalariados. Es de cierta importancia la cría de cerdos, así como la de aves de corral en pequeña escala.

La base de la alimentación es el maíz, con el que elaboran tortillas, pinole, pozole y tamales, y el frijol; en ocasiones se complementa la dieta con carne de cerdo, guajolote, gallina o pescado, así como con algunas frutas y verduras.

Organización religiosa

Los mixes practican la religión católica, pero continúan venerando a sus antiguos dioses, inclusive hay pueblos en donde tienen ídolos u otras reliquias cerca o junto de los altares. Asimismo tienen piedras de formas especiales, a las cuales se les atribuyen ciertos poderes sobre los fenómenos de la naturaleza. Un rasgo característico de la época prehispánica es la conservación del calendario adivinatorio llamado *tonalpohuali,* mediante el cual leen el destino de los niños; dicho calendario consta de trece meses y veinte días, cada uno señala las características de aquellos que nacen bajo su signo.

Existen especialistas que utilizan los hongos alucinantes para curar enfermedades y adivinar acontecimientos futuros. A través de las alucinaciones que producen los hongos, el brujo o curandero se pone en contacto con seres sobrenaturales, tanto católicos como aquellos supervivientes de creencias prehispánicas. Así, evocan santos, espíritus y duendes, quienes informan al especialista sobre lo que desea saber; las consultas que se les hacen pueden ser de diferente tipo: tratamiento de enfermedades, búsqueda de objetos perdidos o robados, resultado de viajes que se deben hacer, etc.

Celebran durante el año distintas fiestas religiosas, entre las que se pueden mencionar las patronales de cada pueblo, según el calendario católico.

Organización política

En los pueblos mixes se encuentran tanto las autoridades municipales propias de la estructura política del país, como las autoridades tradicionales que se encargan de asuntos de carácter sagrado.

Como consejeros de ambos grupos se encuentran los Principales, personas ancianas a quienes los integrantes de la comunidad respetan debido a que durante su vida han prestado sus servicios en beneficio de todos ellos y por su experiencia en asuntos de carácter ritual. Los principales llegan a dicho sitio y a tener una gran reputación por haber ocupado puestos tanto en el Municipio como en lo religioso.

Organización social

Los padres de los novios son quienes arreglan el matrimonio a través de visitas a los padres de la novia, en las que los padres del muchacho llevan regalos. Una vez que se llega a un acuerdo, se realiza la ceremonia en casa de la muchacha. En algunos lugares se realiza también el matrimonio por lo civil y por la iglesia.

Hay pueblos en los que se acostumbra que el muchacho permanezca durante un tiempo en la casa del suegro, con objeto de ayudar a su familia política en las labores agrícolas; después, construye una casa cerca de la de sus padres, donde residirá con su esposa en forma permanente.

Existen sitios en donde se evita el matrimonio entre personas del mismo apellido, o entre personas que nacieron en una misma fecha, ya que esto, según el *tonapohuali,* se considera un mal presagio.

El compadrazgo es una institución importante puesto que consolida relaciones entre personas unidas por este vínculo espiritual. Las relaciones de este tipo llegan a ser tan fuertes que los padrinos dan el mismo trato a sus ahijados y a sus hijos.

El relato que sigue fue recopilado por Walter S. Miller (1956: 105-109) y trata acerca de un héroe cultural mixe.

Kondoy, el líder mixe que nació de un huevo

En "to'oxykyopk" —"Cerro Mujer"— había una cueva donde la gente iba a meter su mazorca. Allí es que encontraron dos blanquillos (huevos) y los llevaron a la casa.

Allí fueron un día la gente entre dos con su mujer (un señor con su esposa). Allí está un pozo. Allí es que vió la mujer blanquillos entre dos. Dijo a su marido:

—"Dáme un palo. Voy a sacar aquí los huevos".

Y le cortó una rama del palo allí y le dió. Pero no puede alcanzar los huevos. Ahí está pesca y pesca, pero no encontró. Ahí se ve todavía como siempre.

Entonces se voltea y allí arriba están sobre la piedra. Luego dijo a su marido:

—"Vete tú, a bajarlos. Allí están arriba. No están en el agua".

Y el hombre los fué a bajar.

Ahí los llevaron donde está su casa. A los tres días se reventaron los blanquillos. Cuando reventaron, de uno salió Kondoy que era gente y de otro salió su hermano que era culebrote.

Creció pronto Kondoy. En dos, en tres días era ya grande. Comía con provecho. Lo traía por canastas su comida y lo acabó todo.

Un día dijo a su mamá:

—"Mamá, yo voy a Tehuantepec".

—"¿Qué vas a hacer allí?" preguntó su mamá.

—"Pues, yo veré. Tengo ganas de conocerlo. No tengas cuidado. Ahorita estoy (vuelvo) otra vez".

Se fué un día, regresó el mismo día y trajo su bulto.

Otro día dijo a su mamá:

—"Mamá, yo voy a Oaxaca".

—"¿Pero qué vas a hacer allí?"

—"Pues yo veré. Tengo mucho sentimiento en mi alma".

"Quiero ver lo que hay donde dicen «Oaxaca». No tengas cuidado. Ahorita estoy otra vez".

Se fué un día, regresó el mismo día. Trajo tres jarrotes de dinero para su mamá. Le dijo:

—"Mamá, aquí vas a servir (usar) este dinero. Yo voy a andar (viajar). Quiero ver todo cómo está".

—*"No, hijo. ¿Para qué vas a andar? Quédate".*

—*"No, mamá. Yo me voy. Ya crecí. Gracias que me cuidaste. Tú me diste todo. Ahora te dejo este dinero. No te va a faltar nada".*

Entonces se fué a andar por todo el rumbo (mixe). Cuando pasó en Camotlán, allí en "wokkats" —Arroyo Precipicio— dejó una olla de dinero. Como era gente muy alta, así no más se lo metió (alzando la mano el informante, al nivel con la cabeza, o un poco más alto).

Después entró en una cueva en Trapiche de Chusnabán. Allí dejó un baúl de dinero. Pero dicen que los de Cacalote (Cacalotepec) ya fueron a sacarlo todo. Fueron entre mucha gente. Por eso, decía Kondoy. "Los de Camotlán son buena gente. Allí está todavía el dinero que dejé cuando pasé".

Allí adelante de Santa Cruz en el camino para Trapiche, tenía una batalla grande con uno que se llamaba Rey Moctezuma. Allí está la seña hasta hoy —el poste (la posta, balas de escopeta o rifle; municiones) que tiraron. Ahí nomás en el camino están muchos (balas) hasta de flecha. A la verdad están oxidados ya, después de tantos años, pero ése es el poste que tiraron la gente de Moctezuma cuando estaban peleando con Kodoy.

Kondoy estaba acá cerca de Trapiche. Pero los soldados de Moctezuma estaban allá más arriba. Por ahí (cerca a) San Isidro —más arriba estaba ése. Tenía mucha gente. Por mil, por mil estaba ése. ¡Vaya! Kondoy está sólo no más.

Entonces su(s) soldado(s) de Mocteumza comenzó(aron) a tirar esa bala.

Kondoy no más agarró piedras grandes. Esa es

La mujer que tenía dos almas.
*"El hombre cortó con su machete la
pata del tigre"...*

que va tirar. Así no más tira ése. Cuando va a caer la piedra allí arriba, va a matar mucha gente. Allí están peleando mucho tiempo. Creo que más de tres días está peleando ése. No le pasa nada a Kondoy. No le hace caso cuando va a pegar la bala de Moctezuma. No le pasa nada. Así no más va a caer la bala al suelo. Pues, ahí está todavía. Ese es que estamos levantando. Pero cuando va a tirar la piedra el Kondoy, ahí seguro va a morir la gente de Moctezuma. ¡Qué va aguantar ese pobre! ¡Ese no puede para aguantar! Ahí no más se murió ese pobre. Ahí están las piedras todavía.

Entonces Moctezuma se fué y regresó otra vez a México. Así no más se acabó ése. Así me cuentaron gente viejo.

Allí en Trapiche se sentó Kondoy a descansar después de la batalla. Allí está la seña hasta hoy. Cuando se levantó, puso sus manos al suelo y empujó para pararse. Allí están las huellas de sus manos. Hasta los dedos se ve claro.

Después siguió hasta Mitla. Allí en Mitla construyó su palacio ese Kondoy, pero lo construyó sobre la roca firme y fué hecho de pura piedra. Allí está hasta ahora, dicen. Allí la tierra estaba blanda. Como tenía puesta su corona que pesaba pesado de cinco arrobas, se conoció que era tierra blanda. Se iba hundiendo su pie. Lo mismo en Tlacolula y Tule. Puro tierra blanda.

Un poco antes de llegar a Tlacolula, en un lugar que se llama ahora "Caballito Blanco", escribió sobre la piedra diciendo a su gente dónde va a ir. No le costó trabajo aunque a-a-alto lo escribió. ¿No ves que tenía más de tres metros de altura? Su machete pesaba de tres arrobas y su bastón más de cinco arrobas. Se paró no más encima de una piedra grande al pie del peñasco y escribió así no más, levantando su mano un poco arriba de su cabeza.

En Tule, Kondoy es que sembró ese árbol grande. La tierra allí era blando, muy falso. Tenía mucha agua debajo. Allí Kondoy clavó su bastón, así no más. Hondo lo clavó. Luego pegó el bastón y creció, tal como pega estaca de zompantli.

Pues, ese su bastón ya creció en árbol grande.

Cuando llegó a Oaxaca, es tierra maciza. Allí puso su capital. Dijo, "Aunque hay guerra y echan cañonazos, no pasa nada, es tierra maciza".

Cuando Kondoy estaba en Oaxaca, su hermano Culebrote decía:

"Yo voy a Oaxaca. Voy a ver que está haciendo mi hermano allí".

Entonces entró entre la tierra cerca a Coatlán. Allí dejó su rastro. Un agujero grande hizo cuando entró. Ahí debajo de la tierra iba caminando. La tierra temblaba cuando estaba pasando. Allí iba entrando en el llano este lado de Mitla cuando el cura y el obispo fueron a echar la bendición. Ahí no más se quedó.

De allí fué a México y allí dejó su corona. Dijo: "Cuando viene uno que lo puede levantar (llevar puesto) entonces vas a cambiar el gobierno".

Pero ninguno lo pudo levantar como pesa mucho. Allí está hasta ahora, dicen.

Regresó entonces Kondoy. Entró con todo su soldado allí cerca a un pueblo que se llama "Comaltepec". No murió. Allí entró en el cerro que se llama "ipxyukp" —Veinte picos— (Zempoatépetl). Allí está todavía.

Esta narración se refiere a la vida y las actividades de un héroe cultural mixe de la antigüedad, ya que lo sitúa en la época prehispánica; su nacimiento y crecimiento son sobrenaturales, así como también sus hazañas. Estas, aunque increíbles, son consideradas por los mixes como reales y ven a este personaje como un ser actual, inclusive se llega a decir que Kondoy no murió, sino que se fue a otro lugar.

Los elementos prehispánicos y actuales se confunden, ya que al hablar de guerra contra Moctezuma se mencionan balazos, escopetas y rifles. Es un héroe generoso que en su recorrido va dejando dinero para los pueblos, así como diferentes obras; una de ellas es el haber sembrado el famoso árbol de Tule.

Su hermano "culebrote" es un personaje secundario, pues aparece solamente en dos ocasiones, cuando nacen de los huevos y al final de la historia, cuando va a ver qué hace Kondoy en Oaxaca, y al llegar a Mitla, un obispo y un sacerdote (personajes actuales) echan la bendición y muere, sin que Kondoy haga nada para evitarlo.

Otro relato de este grupo, recopilado también por Miller (1956: 110-111) habla del rayo y de la existencia de las culebras en la tierra.

El marido rayo

Cuenta la gente que una vez un hombre de Camotlán tuvo una hija. Ya se había muerto su mamá de la muchacha, y el hombre se había casado con otra mujer. Pero esta mujer no quería a su entenada. Según cuentan, cuando la muchacha salió de la casa una vez, su madrastra destapó un jicalpestle que la muchacha tenía guardado bien tapado y que contenía cantidad de culebritas. Luego que se destapó, salieron dichas culebras. Cuando regresó la muchacha, luego se dió cuenta de lo sucedido y recogió cuantas culebras pudiera encontrar. Pero no encontró todas.

Después de este acontecimiento, dicen, se enojó mucho la muchacha y salió de una vez de su casa llevando su jicalpestle. Fue a entrar donde se llama Cueva de la Muchacha y salió allí abajo en un lugar que se llama Cueva del Mar.

Cuando vino su papá y no la encontró en ninguna parte, salió a buscar a su hija. Después de tres días la encontró allí donde está la Cueva del Mar. La saludó, dicen, "Hija, ¿qué haces acá? ¿Por qué me dejaste?"

Entonces, dicen, su hija respondió, "Papá, tu no tienes la culpa. Esa mi madrastra es que así lo quería. Ella no quiere a mis hijos. Por eso es que salí. Pero de aquí a ocho días vendré con tu yerno".

Entonces, dicen, su papá le dijo:

—"¿Qué? ¿Te casaste ya?

—La muchacha respondió:

—"Mi marido es Rayo. Por eso, cuando vengo a tu casa, vas a poner dos petates y cinco cajas grandes para que vas a tener dinero. Y no tengas miedo cuando ves que tu yerno es culebra porque después se va a transformar en gente".

Entonces regresó el hombre y llegó otra vez a su casa y comenzó a comprar caja. Después de ocho días, llegó la muchacha con su marido. Y deveras su marido parecía tal como una culebrota grande, pero después se transformó en un hombre. Y, según dicen, dejó cinco cajas de dinero. Entonces fué a regresar a su lugar y allí está viviendo todavía hoy.

Por eso, dice la gente, tenemos culebras ahora. Es porque esa mujer destapó el jicalpestle. Si no lo hubiera destapado, no tendríamos culebras. Así dice la gente, y así termina el cuento.

Esta narración se refiere a la explicación de los orígenes de las cosas que rodean al hombre. Para encontrar una razón del porqué de la existencia de las culebras, se cuenta que en épocas anteriores, un ser sobrenatural, como lo es el rayo, representado como una gran culebra, se casó con una muchacha mixe y tuvieron hijos que eran culebras.

La indiscreción de la madrastra de la muchacha, que no la quería, hace que sus hijos culebras que tenía guardados, se escapen y permanezcan en la tierra.

El marido rayo, como ser sobrenatural llega en forma de culebra y en seguida se transforma en hombre, para presentarse con el padre de la muchacha y le deja como obsequio cinco cajas de dinero, volviendo después a su lugar de origen, donde sigue residiendo hasta la fecha.

Se puede apreciar el desarrollo de los acontecimientos en una época de interacción entre los hombres y los seres sobrenaturales, cuyas relaciones dieron lugar a muchas de las cosas que existen en la época actual.

La tuza trajo el maíz.
"ustedes no pueden pasar el río, pero yo sí"...

Zoques de Chiapas

Los hablantes de lengua zoque habitan en trece municipios del estado de Chiapas, donde su número asciende a 21,036 personas. En el estado de Oaxaca viven en dos municipios 5,352 hablantes. Y en el estado de Tabasco se encuentran en dos municipios un total de 519 hablantes (Horcasitas de Barros y Crespo, 1979).

En el estado de Chiapas se distinguen tres regiones habitadas por hablantes de lengua zoque: las planicies situadas en los límites con Tabasco; en las laderas de la Sierra de Pantepec y en la Depresión Central Chiapaneca.

Las casas están hechas con bajareque o varillas, con techos de tejas, palma o zacate y piso con tierra aplanada.

Los hombres visten camisa y pantalón de tipo comercial y algunos usan todavía el traje tradicional, que consiste en camisa y calzón de manta blanca. Las mujeres usan falda o enredo y camisa de manga corta, escotada, que en ocasiones lleva adornos bordados con hilo alrededor del escote y rebozo; cabe señalar que también empiezan a usarse los vestidos de tipo comercial.

Economía

Como actividad básica se encuentra la agricultura; se siembra principalmente maíz y frijol para el consumo, café, pimienta y cacao, para la venta.

Las actividades secundarias de los zoques son el trabajo como peones de campo, el comercio ambulante y en tiendas, así como la producción de artesanías, entre las que destacan la alfarería, la fabricación de despulpadoras da madera para el café y el tejido de cestos con fibras de bejuco.

Algunas personas crían ganado vacuno y ovino en pequeña escala, así como aves de corral.

La base de la alimentación es el maíz y el frijol, que se complementa con la recolección de plantas silvestres, larvas y frutas y, además, con el consumo ocasional de carne de animales domésticos.

Organización religiosa

De acuerdo a su participación religiosa, los estudiosos del grupo zoque lo han dividido en tres subgrupos: "costumbreros", "católicos" y "adventistas". Entre los llamados "costumbreros" la vida se encuentra rodeada de concepciones mágico-religiosas y siguen aceptando el sistema de cargos de tipo tradicional. Utilizan también la medicina tradicional y dentro de ella la magia juega un papel importante. Realizan actos de culto en ermitas privadas; sus fiestas se acompañan de comidas ceremoniales, aguardiente y oraciones en idioma zoque. Los santos católicos son reconocidos, pero no los sacerdotes; tienen un gran respeto por los ancianos que han cumplido con los diferentes cargos.

Los "católicos" separan la vida secular de la religiosa, aunque siguen participando en algunas fiestas y ceremonias. Se encuentran en un plano intermedio en lo que se refiere a la medicina y la curación de enfermedades, ya que acuden tanto a los curanderos, como a los especialistas modernos. Se apegan al ritual católico y la influencia del sacerdote en estos aspectos es considerable; sin embargo, la creencia en la magia tiene considerable importancia.

Los "adventistas" se abstienen de participar en cualquier acto religioso, a excepción de aquellos en los que establecen contacto con Dios, sin intermediarios. Acuden a especialistas modernos para el tratamiento de las enfermedades, aunque siguen creyendo en la brujería. Los "adventistas", a quienes también llaman "sabáticos", se reúnen para sus ceremonias en su templo y su máxima autoridad de tipo religioso es el "Pastor".

Cada uno de estos grupos se considera diferente de los otros dos, tienen conceptos discriminatorios sobre éstos y generalmente se mantienen separados.

Organización política

Se sigue el sistema municipal que rige a la República; en los municipios gobernados por mestizos hay fricciones entre el pueblo y las autoridades ladinas. La antigua forma en que las autoridades tradicionales y el ayuntamiento alternaban en el gobierno de los pueblos, ya se ha perdido.

Organización social

En el matrimonio y otras instituciones sociales también se encuentran diferencias entre los tres grupos mencionados. Los "costumbreros" realizan los trámites matrimoniales por medio del pedimento de tipo tradicional con visitas y regalos; existe el llamado pago por la novia y la unión se realiza en una ceremonia tradicional que lleva a cabo el *acikomi,* que es el rango más alto en la estratificación social. La nueva pareja reside generalmente con los padres del novio.

Entre los llamados "católicos" existe el noviazgo previo; en ocasiones se realiza el pedimento y la boda por la iglesia, aunque también con cierta frecuencia se realiza el "rapto" y después se efectúan los trámites para la ceremonia civil.

Los "adventistas" también tienen la fase del noviazgo; tomando en cuenta que la muchacha practica la misma religión, el novio o sus padres hacen la petición de la novia y el matrimonio se efectúa tanto por lo civil como por su iglesia.

Entre los "costumbreros" y entre los "católicos" existe la institución del compadrazgo; los primeros eligen a los compadres entre personas de su misma comunidad y entre los segundos hay quienes prefieren establecer el parentesco espiritual con los ladinos, pensando en adquirir así cierto prestigio.

Un relato zoque recopilado por Norman D. Thomas (1975: 227-229) en Rayón se refiere a un niño huérfano.

Pedro Yam-Bak (Pedro huérfano)

Pedro era un niño huérfano de madre, al volver a casarse su padre la madrastra no quería a Pedro.

Este lloraba todos los días junto al arroyo, lamentándose de no tener la manera de vivir solo.

Sus llantos y quejas eran oídos por el mal espíritu que era hombre rayo, quien ya cansado se lo llevó a vivir con él y ahí creció.

Cuando el hombre rayo salía a trabajar, le encargaba a Pedro que hiciera la comida.

Para hacer su comida este hombre tenía una medida para maíz y otra para frijol, pero eran demasiado pequeñas y a Pedro le pareció que una sola medida no le llenaba.

Habiéndole pedido a Pedro que cocinara una sola medida de frijol, éste hizo dos.

Cuando el hombre volvió, encontró que los frijoles se estaban saliendo de la olla y preguntó a Pedro: ¿Cuántas medidas echaste? Pedro tuvo miedo y le mintió, diciéndole que solamente había echado una medida, pero no pudo engañarlo, pues el hombre sabía que la olla sólo cabía una medida.

Después de esto le encargó que cocinara una medida de maíz y volvió a desobedecer y cocinó nuevamente dos. Entonces lo regañó. "Qué Pedro éste, eres un mal hombre; pues yo te dije que usaras solamente una medida en vez de dos".

Entonces el hombre rayo le ofrece un plátano guineo y le dice:

"Baja uno o dos de la penca, pero no vayas a comerte todos".

Al medio día Pedro fué con el guineo y le dijo:

Kondoy, el líder mixe que nació de un huevo.
"allí está peleando mucho tiempo"...

"dame un plátano" —pero el guineo no le daba nada, entonces Pedro le pidió que bajara toda su penca.

Cuando el hombre rayo volvió a la casa, encontró todos los guineos regados y lo volvió a regañar:

"Caramba Pedro, si demasiado te estoy diciendo que si uno quieres comer uno le hubieras pedido ¿cómo lo vas a bajar todo?"

Después volvió a subir los guineos y Pedro comió sólo uno.

Al día siguiente salió el viejo a trabajar con su rayo, Pedro no sabía quien traía la comida.

Vió venir un sapo muy grande. Que era la mujer del viejo. Esta los mantenía pero no les daba tortillas, les decía que era tortilla pero no era, era mierda de ganado, mierda de ganado.

Pedro le pregunta al sapo:

—¿es miel?

El sapo le responde: —No, es caca.

—¿y quien la hizo?

—el sapo

—¿Para el hombre rayo?

—Sí.

—Pedro mata al sapo y hace con él un tamborcito muy pequeño.

Se pone a jugar con él, tam-bi-di-qui, tam-bi-di-qui, en ese momento llega el hombre rayo y le dice: Y tú Pedro, ¿Qué tambor hiciste?

Pues hombre cuando vino el sapo yo lo maté, lo pelé, y con su piel hice este tamborcito.

Bárbaro Pedro, todo me lo está acabando, si ese sapo es nuestra mujer. Ese está manteniendo a nosotros. ¿Cómo no te vas a fijar hombre? carajo y ella nos está dando la comida.

Yo no sabía, yo lo maté yo lo hice tamborcito.

Pedro esto está tan malo.

Al día siguiente el viejo se fué a trabajar vestido de rayo y Pedro se fijó cómo iba y se vistió igual cogiendo el cable del viejo con el que anda de rayo.

Hijo de la chingada, le grita el viejo al verlo salir de rayo, y empieza a correr tras él, Pedro corrió hacia el mar y cuando casi lograba llegar el viejo lo ataja ¿y tú qué es lo que estás haciendo? le dice el viejo. Si yo no te dije que salgas, hombre, sino que cuides la casa.

¡Ay Pedro! cómo te volviste mal hombre; Ya todo perjuicio me estás haciendo.

Lo regresa a la casa y le dice: Cuando quieras andar de rayo coge la vara al revés, bueno entonces así lo hacía Pedro.

Pedro va a ver a su familia vestido de rayo y encuentra que están retocando la iglesia del pueblo, le están poniendo vigas nuevas, pero la madera era muy pesada y los hombres del pueblo no podían subirla, entonces Pedro les dice:

Carámba, ustedes no aguantan esa madera, yo solito la puedo subir.

Agarra la madera y la va colocando en el lugar donde los procuradores le dicen.

A la gente le da envidia el ver que Pedro tenga tanta fuerza para cargar él solo las vigas que todos los hombres del pueblo no pudieron levantar y lo amenazan.

El viejo Procurador pide bejucos para amarrar a Pedro, pero piensa que es mejor matarlo pues es una amenaza para el pueblo, porque haciendo él solo todo, ellos no tendrían más trabajo que mirar.

Al subir las últimas vigas, Pedro se da cuenta que

lo van a matar y se convierte en águila y se aleja volando hacia el Cerro Tres Picos que se encuentra cerca de Rayón y desde entonces ahí vive en forma de águila.

En esta narración, el niño huérfano es adoptado, en forma un tanto forzosa, por el hombre rayo, y a pesar de los percances que provoca en su casa, lo entrena para que siga el mismo camino que él, es decir, manejar los rayos.

Así, el niño anteriormente desvalido regresa a su pueblo convertido en rayo poderoso y fuerte, situación que provoca la envidia de los demás hombres, quienes intentan matarlo. Al darse cuenta de ello, pone en práctica sus conocimientos sobre nahualismo y se transforma en águila para escapar y se queda a vivir en un cerro, lugar en donde —se dice— habitan los seres con poderes sobrenaturales, tal vez como recompensa a las penalidades que pasó por ser huérfano.

Otra narración registrada por el mismo autor (1975: 229-231) trata acerca de la forma en que un pobre cazador hace fortuna.

El cazador y el jaguar

Era un cazador muy infortunado que todos los días andaba con su escopeta tratando de encontrar una buena presa. Toda su vida andaba monteando y nunca encontraba ninguna clase de animal. Un día llegó a una montaña donde estaban un jaguar y sus cachorritos.

El jaguar y los cachorros venían de la selva a la montaña a tomar agua.

Cuando el cazador los vió venir se trepó a un árbol muy grande y dijo:

Aquí me voy a subir para que no me coma el jaguar.

Los cachorritos se ponían a jugar con su madre y le pedían que les contara cuentos.

¿Pero qué cuentos quieren hijos?

—Pues cualquiera que tu sepas contar.

Sí hijitos, pero no falta quien nos esté oyendo, decía la cachorra.

El cazador arriba del árbol seguía escuchando.

Mamacita, no hay quien nos esté oyendo, no hay ninguno.

Sí hijito, pero tú no lo sabes, no falta quién nos oiga, la rata, la rama, que nos está oyendo:

Había un pueblo en el que no había agua y toda la gente se moría de sed, pues no encontraban agua.

Si hubiera alguien que oyera este cuento que les estoy contando se enriquecería porque él va a ir a sacar el agua que está cerca del pueblo y le darán mucho dinero.

Ahora cuéntanos otro.

Pero hijito como les voy a contar todos, no falta quién nos esté oyendo.

No hay quien nos esté oyendo mamá.

Hay otro pueblo en el que habita un rey que se estaba muriendo, pues tiene abajo de la cama enterrado un sapo y esto es lo que lo está matando.

Es todo lo que voy a contarles, vámonos. Y se fueron.

Entonces, el cazador bajó del árbol y se fué a buscar el agua para el pueblo donde no la había. La encontró y la llevó.

Agradecidos los del pueblo le dieron maíz, frijol y muchas cosas más.

Después salió para el pueblo donde estaba el rey y lo encontró todo jodido a pesar de que lo estaban curando doctores buenos, doctores estudiados. Al llegar dijo: ¿quién está enfermo?

Pues está enfermo el rey.

Ah, bueno.

Quiero que me busquen un pico y una pala, vamos a ver si puedo curar a este señor rey.

Cogió el pico y la pala y escarbó debajo de la cama y sacó un sapo grande.

El rey empezó a mejorar y el cazador le dijo:

Este sapo que estaba enterrado es lo que lo estaba matando.

Los doctores se reían, pues no lo creían porque ellos eran competentes y estudiados.

Pero el rey sanó y se levantó.

Y los médicos de vergüenza con la gente del rumbo que se dió cuenta, se fueron.

Este relato muestra la ayuda que los animales prestan al hombre. En este caso se trata de una madre jaguar que al contar cuentos a sus cachorros, le dice al cazador —quien se encuentra escondido, pero que ella sabe que la está oyendo— dónde puede obtener riqueza y prestigio.

Después de que los animales se van, el cazador se pone en acción, busca el agua que le hace falta a los habitantes de un pueblo, quienes agradecidos, le dan obsequios. Y después, al ir a curar a un rey que es víctima de un maleficio, pone en ridículo a los médicos que no pueden distinguir entre la hechicería y otras enfermedades.

El marido rayo.
"parecía una culebrota grande"...

Mazahuas del Estado de México

La mayor parte de los hablantes del idioma mazahua habitan al noroeste de Toluca, capital del Estado de México, y una parte más pequeña en el estado de Michoacán, en la zona fronteriza de ambos estados. En el primer estado se encuentran distribuidos en doce municipios, con un total de hablantes que asciende a 95,400 personas; en el segundo ocupan solamente tres municipios y el número de hablantes suma un total de 4,205 personas (Horcasitas de Barros y Crespo, 1979).

Las casas en que habitan son de adobe con techo de teja a dos aguas; generalmente constan de una habitación y una cocina, más una pequeña construcción en el patio de la casa que es el oratorio familiar.

Las mujeres visten faldas amplias, blusa, falda, quechquémitl y zapatos de plástico. Los hombres usan pantalón, camisa, sombrero y huaraches.

Economía

La base de la economía mazahua es la agricultura; se siembra maíz, generalmente para el autoconsumo, así como frijol y calabaza. La siembra se realiza tanto en tierras ejidales como en tierras de pequeña propiedad.

Hay algunos animales como bueyes, burros y mulas, así como aves de corral, que se crían para la venta y para el consumo familiar.

Las actividades secundarias de los mazahuas son el contratarse como peones de campo o de construcción, el comercio en pequeña escala, el tejido de las fibras de maguey para hacer ayates y canastas, la elaboración de sarapes de lana y de objetos de cerámica, como cazuelas y jarros.

La base de la alimentación es el maíz con el cual hacen tortillas, tamales y atole; además, el frijol, el chile, algunas verduras, fruta y ocasionalmente carne.

Organización religiosa

Los mazahuas practican la religión católica. Se nombran personas para desempeñar los diferentes cargos tradicionales, como fiscales y sacristanes, quienes se encargan de los asuntos y el cuidado de la iglesia.

Para las fiestas que se celebran durante el año, existen mayordomos, quienes se encargan de los gastos y la organización de todas las fiestas, tanto para los santos patrones como para las imágenes importantes. Frecuentemente en las fiestas se llevan a cabo danzas como la de las Pastoras, la de Moros y Cristianos y la de los Concheros. Durante el año también acostumbran hacer peregrinaciones a distintos santuarios de la República, como la Villa de Guadalupe y San Juan de los Lagos, entre otros.

En algunos pueblos es importante el culto familiar, realizado en los oratorios, pequeñas construcciones cercanas a las casas, en donde se venera a la cruz o a alguna imagen. En estos oratorios es donde se efectúan ceremonias de curación de enfermedades, de petición de buenas cosechas, etc., dirigidas por curanderos, o bien por el propio jefe de la familia.

Organización política

Se sigue el sistema municipal. Se nombran en las cabeceras Presidente Municipal, Comisariado Ejidal, Delegación Municipal y policías o ayudantes. Cuando se realizan obras en beneficio de cada comunidad, los vecinos participan en ellas con esfuerzo y tiempo.

Organización social

El matrimonio se concierta a través del pedimento; el "casamentero", generalmente el padrino del muchacho o un amigo de su familia, es quien se encarga de hacer los trámites a través de visitas a la familia de la muchacha, en las que les lleva algunos obsequios. Cuando se llega a un acuerdo, se fija la fecha de la ceremonia.

Otra forma de realizar el matrimonio es mediante el "rapto"; los jóvenes se ponen de acuerdo, se van juntos y días después, el padre del muchacho visita a la familia de la muchacha acompañado del casamentero, se hacen los arreglos necesarios y se fija la fecha.

En ambos casos, después de la ceremonia matrimonial se realiza una fiesta en donde se sirve mole, arroz, tamales y pulque, primero en la casa de la novia y luego en la del novio.

El compadrazgo es una institución de cohesión social.

Hay de diversos tipos, pero los más importantes son el bautizo, la confirmación y el matrimonio. Otros son los de casa, de oratorio, de mortaja, de cruz, de pozo, etc.

El siguiente relato fue recopilado por Mieldred Kiemele (1979: 34-39) y trata acerca de una bruja que se casó con un joven que ignoraba sus actividades.

La esposa bruja

Ya hace tiempo, había una muchacha muy bonita que era bruja. Se casó con un muchacho que era muy buena gente.

Sucedió que a la muchacha no le gustaba vivir en la casa de su esposo porque no le gustaba la comida. Ella quería ir diario a la casa de su mamá porque le gustaba la comida de su mamá.

Luego su esposo le dió permiso que fuera tres días a su casa. Mandó que fuera con ella uno de los sirvientes. El esposo dijo al sirviente que pusiera cuidado de su esposa, que viera qué comida había de comer. También le dijo que tuviera cuidado de todo lo que hiciera los tres días que estuviera en la casa de su mamá.

El esposo había oído que su esposa no era buena mujer, que era una bruja.

Cuando llegaron la muchacha y el sirviente a la casa de su mamá, ella estaba muy contenta. Le dijo a su mamá: Tengo hambre, ¿no hay algo que yo pueda comer?

Contestó su mamá: Hay un poco de comida adentro de la olla grande que está en la esquina de la cocina. Traéla para que comas. A tu sirviente le voy a servir pollo, porque no va a querer lo que tu vas a comer.

El sirviente quedó muy pensativo: ¿Qué comen ellas que yo no pueda comer?

Ya se hizo noche y la mamá de la muchacha le dijo al muchacho: Ven, te voy a enseñar en donde vas a dormir.

Aunque se había acostado el muchacho no podía dormir. Nada más se hacía el dormido con ronquido.

Cuando ya era como media noche, la muchacha dijo a su mamá: Ya es hora de ir, porque el sirviente está roncando.

Entraron las dos en la cocina y cerraron bien la puerta con llave.

Entonces se levantó el sirviente y se fué a parar junto a la puerta para oir bien lo que decían y ver lo que hacían.

Luego ellas se sacaron los ojos, se quitaron las rodillas y se pusieron alas de petate. Enterraron sus ojos abajo de las piedras del fogón. Entonces cada una llevó su jarro para echar la sangre. Comenzaron a volar y se sintió el peso de la casa.

Se asustó mucho el muchacho. Luego dijo: ¿Qué voy a hacer? Ya se fueron las dos. Entró en la cocina y temblaba. Pensó: Voy a buscar los ojos de ellas y los voy a quemar. También pensaba, si viene mi patrón y su esposa no tiene ojos: ¿Qué voy a hacer?

Entonces encontró dos ojos y los quemó en la lumbre. Los otros dos no pudo encontrarlos.

Cuando regresaron ellas, buscaron los ojos. Empezaron a llamar a sus ojos, diciendo: ¿En dónde están ojos? ¿En dónde están ojos?

De repente aparecieron los dos ojos que eran de

Pedro Yam-Bak (Pedro Huérfano).
"se convierte en águila y se aleja volando
al cerro de tres picos"...

la mamá. No aparecieron los dos de la muchacha y no supieron qué hacer. Se sentaron un ratito para pensar qué iban a hacer.

La mamá dijo a la muchacha. Te doy mis ojos.

Pero los ojos no quisieron ir con la muchacha. Ella tenía mucho miedo y dijo: ¿Qué voy a decirle a mi esposo cuando venga por mí?

Entonces dijo la mamá: Es mejor que te lleve con un curandero para que te componga tu cara con mis ojos.

La muchacha no quiso. Luego le dijo su mamá: Es mejor que te quedes aquí, te voy a vendar bien tu cabeza con una venda; y le voy a decir a tu esposo que estás muy enferma, que te duele mucho tu cabeza.

Entonces, cuando llegaron los tres días; vino su esposo y aparentaba que estaba muy contento. Preguntó: ¿Por qué estás acostada?

Contestó la esposa: Ya van tres días que estoy enferma con dolor de cabeza. Me duele mucho, mucho, mucho.

Yo siento que no voy a aguantarlo.

Se acercó el esposo. Quiso abrazarla y besarla, pero ella no quiso. Le dijo: Házte para allá. No te acerques a mí porque estoy muy enferma.

Entonces se enojó su esposo y le dijo: Destapa tu cara. Quiero verte.

Ahora ya se que me equivoqué contigo. Yo pensaba que eras muchacha buena, que crees en Dios. Eres una bruja. Nada más tienes cara bonita, pero tu corazón es malo. Por eso no querías comer en mi casa; aunque había carne de pollo y borrego, no comías.

Entonces levantó a su esposa a la fuerza y la sacó. Le dijo al sirviente que fuera a traer a las autoridades del pueblo para que vieran a su esposa, como era su cara.

Y dijo el esposo a las autoridades: Perdónenme, yo no quiero seguir viviendo con mi esposa, porque está haciendo daño a la gente del pueblo. Yo quiero que se muera.

Luego, él mismo echó mucho petróleo a ella y la quemó. Ella gritó mucho y nadie se compadeció de ella porque bebía la sangre de los inocentes.

Cuando ya terminó de quemar a su esposa, él regresó a la casa de su padre. Le contó todo lo que había sucedido con su esposa.

Contestó su papá y le dijo: Yo te había dicho cuando estaban recién casados, que fueras a su casa con ella, para ver la comida que comía ella.

Contestó el muchacho y le dijo: Ya pasó todo lo difícil, no puedo hacer nada.

El relato nos muestra la creencia, todavía vigente, en seres que se dedican a la brujería y que se alimentan generalmente de la sangre de niños pequeños. Para salir en las noches a hacer sus fechorías se quitan las piernas colocándose en su lugar alas de petate y quitándose los ojos que son guardados bajo el fogón.

El joven marido es engañado, pues desconoce las actividades de la muchacha, sospecha de ella y por eso la manda vigilar; cuando comprueba que sus actividades son las de una bruja, la delata y se encarga él mismo de deshacerse de ella prendiéndole fuego.

Otro relato, recolectado por la misma autora (1979: 88-91) hace referencia a la amistad entre un perro viejo y un coyote.

Un coyote amigo de un perro

Un día, había una casa en donde la familia tenía un perro. Cuando ya era viejito el perro, la familia lo vió mal y no quisieron darle de comer.

Un día, el perro tenía mucha hambre y salió de la casa a buscar qué comer. Aunque buscaba mucho no encontró que comer. Se encontró con un coyote y le preguntó: ¿Qué buscas aquí, perro?

Contestó el perro y le dijo al coyote: Yo busco que comer.

Entonces el coyote le preguntó: ¿No te dan de comer en tu casa?

Contestó el perro: No me quieren en la casa, por eso no me dan de comer. Ellos dicen que yo soy viejo y que no puedo ladrar.

Contestó el coyote y le dijo: Yo quisiera ayudarte un poquito. Yo sé que en aquella casa tienen muchos guajolotes.

Contestó el perro: Sí, es cierto. Porque hay uno de sus hijos que se va a casar.

Contestó el coyote: Yo voy a venir un día y voy a coger unos guajolotes para comer los dos. En el momento que vas a oir aletear a los guajolotes, sales y me correteas. Yo te voy a esperar para que peleemos. Yo vengo en el día para que vean tus patrones cómo nos peleamos. Voy a hacer que me ganes para que vean tus patrones. A ver si te quieren cuando acabemos de pelear.

Entonces se fué el coyote y regresó al día siguiente.

Aquella tarde, cuando había peleado el coyote con el perro, y había ganado el perro, comentaban los amos del perro cómo habían peleado el coyote con el perro y había ganado el perro.

Entonces dijo el señor de la casa: Le dan de comer bien al perro, porque aunque es viejo todavía puede ganar a un coyote.

Entonces, cuando regresó el coyote, preguntó: ¿Qué dicen tus amos? ¿Ya te quieren y te dan de comer?

Contestó el perro: Sí, ayer en la tarde me dieron de comer y hoy en la mañana.

Entonces contestó el coyote y le dijo: Yo te dije que así iba a suceder.

Entonces dijo el perro: Yo te invito cuando se case el hijo de la casa para que vengas a comer.

¿Quién sabe si comes mole?

Contestó el coyote: Sí, yo lo puedo comer.

Cuando llegó el día de la boda, se fué el coyote a la casa. El perro le dió de comer todo lo que había en la casa: mole, tortillas y pulque.

Cuando el coyote había tomado mucho pulque se emborrachó y luego dijo: Yo quiero cantar.

Contestó el perro. No cantes, hay muchos perros aquí y van a conocer tu voz y vendrán todos para morderte.

No lo creo, dijo el coyote, y comenzó a aullar.

Entonces oyeron los perros y comenzaron a aullar como el coyote.

Luego dijo el perro: Muchas gracias por lo que me ayudaste. Es mejor que te vayas. Tal vez te maten los perros.

Aquí termina el cuento.

Esta narración que humaniza a los animales, muestra la ingratitud de los hombres con un perro que llega a viejo y ya no les sirve como antes, así como la ayuda que le da un coyote, quien, fingiendo pelear con él, hace que vuelva a ser querido y alimentado por sus amos.

En reciprocidad, el perro lo invita a comer cuando se casa uno de los hijos de sus amos. El coyote se emborracha y se pone a cantar, con lo cual pone en peligro su vida, pues los demás perros pueden agredirlo, así que el perro viejo se ve en la necesidad de sacarlo de la casa.

Los cuentos de animales, en la forma en que los conocemos en la actualidad, fueron introducidos a México después de la Conquista, se aceptaron y se integraron a los diferentes grupos con características locales. En este ejemplo puede verse que la comida de boda, integrada por mole, tortillas y pulque refleja las características del lugar donde se cuenta la historia.

Diferentes versiones de este relato se conocen entre otros grupos del país, en especial las provenientes de grupos nahuas.

El cazador y el jaguar.
*"no falta quien nos esté oyendo, decía
la cachorra"...*

Yaquis de Sonora

Los hablantes del idioma yaqui ascienden actualmente a 5,152 personas distribuidas en ocho municipios (Horcasitas de Barros y Crespo, 1979), situados en la parte sureste del estado de Sonora. Los límites de su territorio son: al norte, el Valle de Guaymas; al sur, el Valle del Yaqui; al este, la Sierra Madre Occidental, y al oeste, el Golfo de California. Son ocho los pueblos principales de este grupo: Vícam, Pótam, Cócorit, Ráhum, Tórim, Bácum, Belén y Huírivis, localizados en las márgenes del río Yaqui. El clima es semidesértico y extremoso, con lluvias escasas.

El vestido yaqui es igual al de la población campesina del norte del país. Los hombres usan, además, paliacates o mascadas al cuello, huaraches y cinturones de cuero. Las mujeres visten faldas amplias, blusas de telas de colores y rebozo.

Economía

La principal actividad económica es la agricultura, ya que un 95% de la población se dedica a ella. También son de cierta importancia la ganadería, la pesca y el comercio.

Se siembra soya, cártamo, algodón, garbanzo, trigo, sorgo, maíz, chícharo, alfalfa, tomate, chile, hortalizas, naranja y limón, productos que se destinan tanto al consumo como al mercado nacional.

Debido a que los terrenos de pastizales se han ido ocupando para el cultivo, la cría de animales ha disminuido, aunque la mayoría de las familias yaquis tienen algunas cabezas de ganado vacuno y caballos, y se dedican a la cría de aves de corral.

Los que trabajan en la pesca pertenecen a la Cooperativa Pesquera de las Guaymas y obtienen camarón, ostión, lisa, pulpo y corbina.

Las mujeres son generalmente quienes realizan el comercio; venden panela, productos de animales que ellas mismas crían y esteras de carrizo tejidas.

Otras actividades son la recolección de productos silvestres para el consumo familiar, la caza con armas de fuego y la elaboración de algunas artesanías como sombreros de palma, petates de carrizo, así como máscaras y tambores que utilizan en sus danzas y fiestas.

La alimentación consiste en tortillas de harina de trigo, carne de vaca machacada o puchero de carne de res, arroz, frijoles y café negro.

Organización religiosa

Los yaquis practican la religión católica, pero conservan rituales propios; tienen un alto sentido de religiosidad que se pone de manifiesto en sus danzas y en sus festividades. Existe, asimismo, una organización religiosa en la que participan tanto hombres como mujeres. Los maestros litúrgicos —un hombre y una mujer— son la máxima autoridad y los encargados de la iglesia yaqui; hay, además, otros cargos de menor investidura.

Muchos rituales religiosos se llevan a cabo en acontecimientos político-sociales y familiares, pero las festividades más importantes son las patronales de cada pueblo, la Cuaresma y la Semana Santa, que se celebran en casi todos los lugares.

En las danzas se manifiestan conceptos religiosos, se escenifican hechos jocosos, sucesos de la vida del grupo y se representan las actitudes de los animales. La música se interpreta con instrumentos tradicionales, como las sonajas, el tambor de agua, los cinturones con pezuñas de venado, los raspadores, las tobilleras de cascabeles de capullo de mariposa, así como violines y guitarras. Entre las danzas que se representan en las fiestas destacan la del Venado, la Pascola, la del Coyote y los Matachines, todas de origen prehispánico.

Organización política

Los pueblos llamados "comunilas" tienen sus propias autoridades civiles tradicionales. El cuerpo de funcionarios se compone de un Gobernador, un Capitán, un Comandante, un Maestro Litúrgico, una Maestra Litúrgica y la tropa, compuesta por el resto de la población. Asimismo en cada pueblo se elige por votación a un secretario que ayuda al Gobernador. Este último se elige anualmente y los demás puestos son vitalicios. Las autoridades de los distintos pueblos se reúnen periódicamente para tratar los problemas del grupo y solucionar los conflictos.

Organización social

Los padres conciertan el matrimonio de los jóvenes. El día señalado se hace una comida en las dos casas; la ceremonia religiosa está a cargo de un "maestro", quien hace las veces de sacerdote. La nueva pareja puede vivir indistintamente con los padres de él, de ella, o bien establecer una nueva casa.

Dentro de la sociedad yaqui, la mujer juega un papel importante ya que participa por igual en lo religioso, lo político y lo social.

El compadrazgo es de relevancia y tiene distintas formas; lo hay de bautizo, de matrimonio, de luto y de rosario de difunto, entre otros.

La narración que sigue se refiere a una pascola, personaje de la danza del mismo nombre, y fue recolectada por Alfonso Fabila (1978: 255-256).

La pascola encantada

Hubo una época en El Yaqui en que la naturaleza daba mil encantos a la imaginación sencilla de los indios: apariciones de mujeres o brujas con pata de cabra, capitanes petrificados en forma de montañas, árboles y flores con facultades humanas, chapulines magos, serpientes monstruosas, animales que hablaban con los yaquis. En ese tiempo hubo una Pascola que al principio de su oficio fué muy malo y sin gracia. No platicaba bonito ni sabía bailar. Vivía distante de Cócorit, en un punto llamado Vivagimari, que quiere decir, cigarro tirado. Pero aún cuando era inepto para todo, por piedad las gentes de las tribus siempre lo protegían. Una vez lo citaron para que fuera a bailar a Cócorit y le dejaron los cigarros de costumbre como enganche. La Pascola despachó al Moro encargado de juntar bailadores, violinistas, arperos y tamboreros, con la respuesta de que iría, y él a los dos días salió para Cócorit. Ya de camino, al pasar por enmedio de los cerritos llamados Puerto de Caachoco (agua salada), en donde hay una cueva no muy profunda, oyó la música de un violín y un arpa, pero no los veía y se paró a escuchar el son preludiado que era muy lindo, pero tan hermoso, que le dieron ganas incontenibles de bailar en ese mismo instante, más con tristeza se dijo: "Pero si soy tan sin gracia", que se quedó mucho rato parado indeciso; en eso salió de la cueva un chivo pinto con la cola arriscada y sin cuernos. El animal se dirigió al pascola, y éste lo esperó sereno. El chivo se alzó en las patas traseras y le puso las manos en los hombros y empezó a tallarle el rostro con sus barbas, como si lo peinara. En seguida le lamió la frente, la boca, los oídos y la garganta. Luego bajó las manos y fijó un rato su mirada en el bailador y éste se puso a reir por la figura del chivo, el cual pegando una carrera, se detuvo como a diez metros y se volvió a toda prisa, como si fuera a golpearlo, pero la Pascola se estuvo quieta. Llegó el animal y levantando una pata lo orinó desde la cintura hasta los pies. Hecho esto se fué al galope hasta perderse entre las piedras y la música cesó. Entonces el bailador, lleno de asombro se puso en marcha otra vez, pensando qué sería aquéllo, pero empezaron a revelársele muchas ocurrencias y chistes para entretener al público. En su imaginación proyectaba un sinnúmero de los movimientos de pies que ellos nombran mudanzas y así llegó a Cócorit, donde

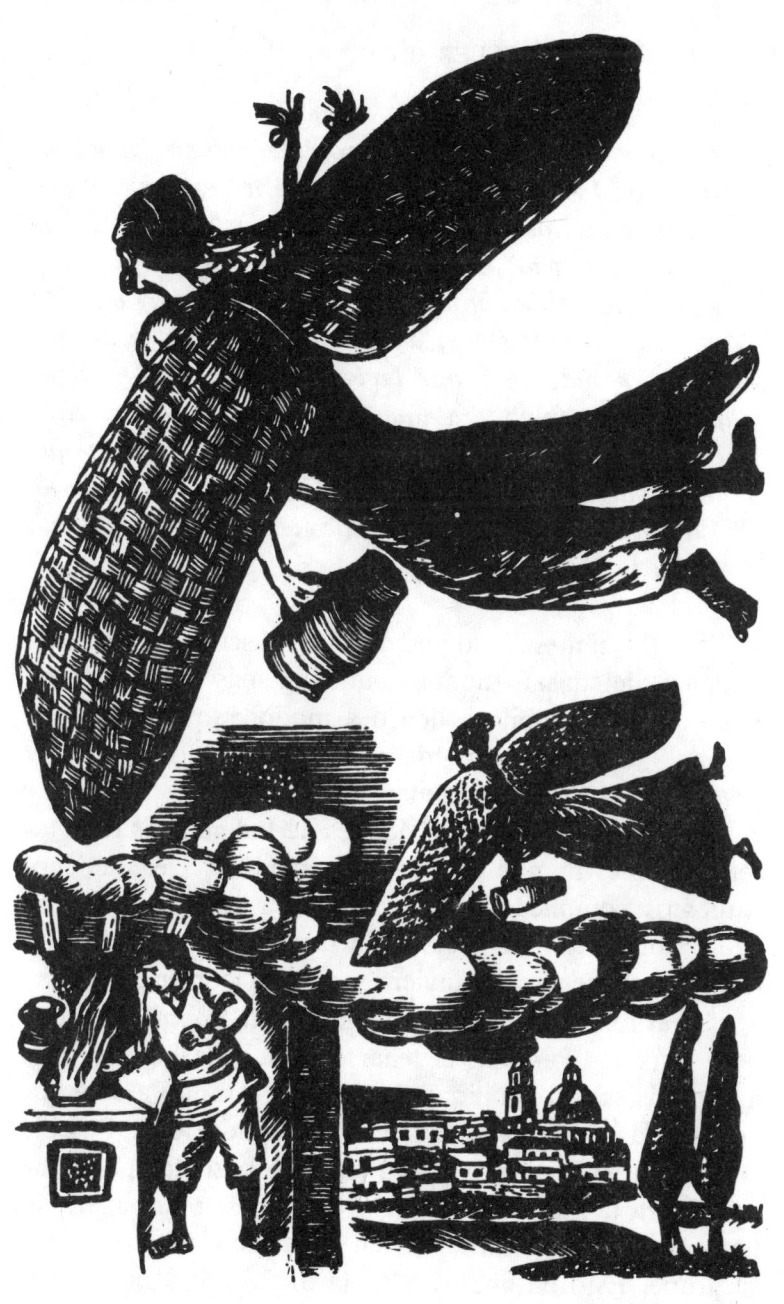

La esposa bruja.
*"se quitaron las rodillas y se pusieron
alas de petate"...*

iba a hacerse fiesta. Le dieron de comer "guacava-qui" con los invitados y luego fué a vestirse y luego fué a bailar; pero cosa extraordinaria, el pascola torpe y sin gracia, esa noche se lució frente a todos y por ello desde entonces fué un pascola muy querido por los ocho pueblos; a un grado tal, que hasta hoy no ha habido otro que le iguale en maestría. Dicen que aquel chivo era una pascola encantado. Otros cuentan que fué una de las muchas maravillas que aún aparecen a los indios. La Pascola afamada murió. Le hicieron regios honores los fiesteros hasta dejarlo en su tumba.

Los danzantes denominados las Pascolas interpretan la danza del mismo nombre, utilizan máscaras, collares, una especie de cobija o lienzo a modo de pantalón, "ténavaris" (capullos secos de mariposa) en los tobillos y llevan una sonaja rectangular.

Bailan durante las festividades de los pueblos o en las celebraciones familiares, son muy hábiles y ejecutan movimientos complicados al ritmo de su sonaja. Entre un baile y otro reparten cigarros a la gente y entablan diálogos que hacen reír y divierten a la concurrencia.

En el relato anterior puede notarse la importancia que tiene para las Pascolas el tener el suficiente ingenio para hacer chistes y la habilidad para bailar. A una Pascola que no poseía estas características le ayudó una Pascola encantada, o bien el espíritu de una pascola, para que adquiriera la gracia suficiente y desempeñar su papel dignamente, convirtiéndose así en querido y admirado por su grupo. Esto da una idea de la importancia que tienen en la comunidad aquellas personas relacionadas con los diferentes aspectos del ceremonial, así como de la creencia en que el mundo sobrenatural puede ser, en un momento dado, benigno con los hombres.

Otro relato recopilado entre los yaquis por Ruth W. Giddings (1959: 65) es una narración occidental que se conoce con el nombre de "La Muerte Madrina", a la cual, al ser aceptada por el grupo, se le han dado características locales.

El médico yaqui

Un anciano yaqui tenía doce hijos. Cuando nació el treceavo, ninguno en el pueblo quería tomarlo como ahijado. Trece hijos eran demasiados.

El padre se enojó. "Me iré ahora", dijo. "No me importa este pueblo". Salió en dirección de las montañas. "Aquí afuera entre los animales, el primero que encuentre, será mi compadre."

Un hombre vino hacia él. Era alto y se veía distinguido. "¿Adónde vas?", le preguntó al padre de los trece hijos.

"A cualquier parte".

"¿Vas en busca de alguien que te sirva como tu compadre?"

"¿Cómo lo supiste?"

"Soy el diablo".

"Yo soy un hombre pobre", dijo el padre. "Tu eres para los ricos. Vete".

El diablo se fué dentro de una gran nube amarilla de polvo.

Después apareció un segundo hombre. Era alto, delgado y de aspecto respetable. Tenía una espada. Le dijo al padre, "¿Adónde vas buen hombre?".

"Voy a buscar a alguien que quiera ser mi compadre".

"Yo lo haré. Y te prometo que cuando tu hijo crezca será un doctor, un buen doctor, el mejor".

"¿Quién eres?"

"Soy la muerte".

"Bueno, como tu tomas todo de los ricos y los pobres igualmente. Tu serás mi compadre".

"Cuando entres a la iglesia allí estaré", dijo la Muerte. "Trae a tu hijo".

El viejo regresó a su pueblo y su hijo fué bautizado.

Cuando el niño cumplió trece años, su padre se volvió a encontrar con la Muerte, quien le dijo, "Te dije que este niño va a ser buen doctor. Déjalo conmigo para que lo instruya".

Puesto que ese fué el acuerdo, la Muerte se llevó al niño. Entraron a una colina, a un cuarto muy grande. Había otros seis cuartos, todos muy grandes. En cada cuarto había diferentes flores y muchas velas prendidas. Estas eran las vidas de los hombres yaquis. "Esta hierba se usa para cierta enfermedad", dijo la Muerte. "Esto también es una curación".

Así enseñó al niño. "Cada vez que visites a un enfermo yo estaré allí. Cuando me veas en la cabecera de un enfermo lo podrás curar. Pero cuando me veas a sus pies, sabrás que él morirá y no le darás la medicina.

El muchacho salió a curar, y siempre fué un buen doctor. Se propagó la voz de que era muy bueno curando. Siempre pedía mucho dinero, así que para cuando cumplió treinta años, era muy rico. La gente llegaba a verlo de diferentes lugares. Y siempre hacía como su padrino se lo había aconsejado.

Finalmente un Rey que se encontraba muy enfermo lo llamó y le dijo que quien pudiera curarlo se podría casar con su hija. El doctor yaqui pensó mucho en la hija del Rey y ella le rogó que sanara a su padre.

Cuando vió la Muerte parada a los pies del Rey, rápidamente lo volteó y le administró la medicina.

El Rey sanó y la princesa estaba muy contenta. "Vamos a la iglesia", dijo.

Después del matrimonio, la Muerte se encontraba parada en la puerta de la iglesia. Le dijo a su ahijado, "Te casaste, ya veo".

"Sí", replicó el joven médico.

"Ven conmigo", dijo la Muerte, y se dirigieron a otra colina. Adentro había velas, algunas empezando a arder, otras a la mitad y otras a punto de extinguirse. El muchacho le suplicó que le enseñara su propia vela. "Esta es tu vela", dijo la Muerte.

Y la sopló.

Este relato muestra claramente la aceptación de una narración ajena al grupo, ya que el tema de la "Muerte Madrina" aparece registrado desde el siglo XIX por los hermanos Grimm, en Europa. Sin embargo, es importante hacer notar que un relato proveniente de fuera, al ser aceptado, va siendo reelaborado por el grupo y va adquiriendo características propias, convirtiéndose así en una nueva versión, aunque el tema central siga siendo el mismo.

Debido a que el relato trata acerca de un compadrazgo entre un hombre y la muerte, es probable que el grupo haya aceptado con cierta facilidad el tema, puesto que el compadrazgo y la muerte son elementos importantes dentro de su cultura; el primero, en la organización social y el segundo, dentro de su sistema de creencias.

Huicholes de Jalisco y Nayarit

El grupo huichol, uno de los que han conservado mejor sus tradiciones, se localiza al norte del estado de Jalisco, al oriente de Nayarit y en menor número en Zacatecas y Durango. En Jalisco habitan en cuatro municipios, con un total de 3,081 hablantes de huichol; en Nayarit viven en ocho municipios, con 3,245 hablantes de dicha lengua (Horcasitas de Barros y Crespo, 1979). Sus principales pueblos son: Tuxpan de Bolaños, San Sebastián Teponahuatla, Santa Catarina Coexcomatitlán, San Andrés Cohamiata y Guadalupe Ocotlán.

La Sierra Madre Occidental atraviesa la zona habitada por los huicholes y se encuentra bastante aislada. Existen áreas boscosas y zonas de pastizales; el clima es moderado, la estación de lluvias se prolonga de junio a octubre.

Los huicholes construyen sus casas con lodo, piedra

Un coyote amigo de un perro.
*"cuando el coyote había tomado mucho
pulque se emborrachó"...*

y carrizo, los techos de paja y los pisos de tierra aplanada; generalmente tienen uno o dos cuartos y un patio.

El vestido que los hombres usan diariamente consiste en pantalón y camisa de manta blanca o con algunos bordados, faja y sombrero. El traje que utilizan en las ceremonias es mucho más elaborado; llevan pantalón largo y camisa, ambos bordados, una especie de capa triangular con orilla roja, un cinturón tejido, otro corto con bolsitas individuales, paliacate al cuello, sandalias, bolsa tejida, brazaletes y anillos de chaquira, y sombrero decorado con colas de ardillas y plumas de colores. Las mujeres visten faldas amplias y blusas de percal o telas comerciales, un paliacate grande en la cabeza y en ocasiones un quechquémitl.

Economía

La principal actividad económica es la agricultura. El cultivo más importante es el maíz, aunque también se siembra frijol y calabaza en tierras de propiedad comunal, mediante el procedimiento de la roza, usando para plantar la estaca de madera o coa. También se emplea el arado de madera y reja jalado por yunta de bueyes. Otra actividad económica de cierta importancia es la ganadería; se cría ganado vacuno y ovejas para la obtención de lana.

Durante la época de sequía, los huicholes se dedican a la elaboración de artesanías, las cuales son variadas y algunas están relacionadas con sus creencias religiosas. Hacen sombreros de palma; calzones y cotones de manta bordados; cinturones con bolsitas de algodón y lana; cintas de algodón bordadas; fajas de lana; morrales de lana; aretes, pulseras, anillos y collares de chaquira; tablas votivas decoradas con estambres de colores; "Ojos de

Dios"; jícaras decoradas; equipales o sillones de vara y otate, así como guitarras y violines pequeños.

La dieta consiste en productos del maíz —tortilla, atole, pinole—, frijol y calabaza, complementada con leche y quesos que ellos mismos elaboran.

Organización religiosa

La religión de los huichones es el resultado de un sincretismo de elementos prehispánicos y cristianos, ya que las características de algunos santos católicos se han hecho coincidir con las de sus dioses nativos.

Cada santo o templo tiene un mayordomo que se encarga de cuidarlo. Los mayordomos reciben el nombre del santo del que están encargados. Uno de sus deberes más importantes es llevar a las imágenes a las diferentes fiestas.

Los seres divinos son considerados como antepasados. Existe en su mitología un gran número de dioses, que generalmente giran alrededor de los fenómenos naturales.

Al efectuar sus ceremonias, los curanderos tratan de entrar en contacto con sus deidades. Los dioses más importantes son los denominados "abuelos", como el sol y el fuego; las "abuelas", diosas de la fertilidad, de la luna y de la tierra; las "tías" son las deidades de la lluvia y las tormentas; y los "hermanos mayores" son los dioses del maíz y del peyote.

Entre las festividades más importantes del calendario católico se encuentran las patronales, la Semana Santa y la de la Virgen de Guadalupe. Y entre sus fiestas mágico-religiosas celebran la del peyote —con su peregrinación a Real del Catorce, San Luis Potosí—; la fiesta para los muertos; la de Nakawé, "diosa de la fertilidad"; las fiestas para la lluvia; la de las calabazas tiernas; la de la curación de la tierra para facilitar el crecimiento de las plantas; la de los elotes, y la del sol —para alejar enfermedades—, entre otras.

El cantor y rezandero de cada comunidad es el *marakame* o shaman, quien participa en todas las festividades y también se encarga de curar a los enfermos. La tradición y el conocimiento de los *marakames* pasa de padres a hijos. El shaman enseña su arte a uno de sus hijos para que continúe dicha tradición. Se cree que las enfermedades son causadas por brujería o por castigo a malas acciones y solamente los shamanes son capaces de curarlas.

Organización política

Para regir a los pueblos existen autoridades tradicionales: Gobernador, Juez, Capitán y Alguacil o Alcalde. El Gobernador y el Juez tienen un ayudante, o *topil.* El Capitán recibe ayuda de un Sargento y de un Cabo, y el Alguacil es ayudado por el Alguareal.

Todos los asuntos de la comunidad son tratados por aquéllos y la opinión del Gobernador es la más importante. Al terminar con su cargo, que dura un año, cada uno designa a su sucesor, comunican el nombre de la persona elegida al *Kawitero,* quien, a través de sueños, los aprueba. Cada año se realiza la ceremonia de "Cambio de Varas", para que las nuevas personas designadas tomen posesión de sus cargos.

Organización social

Cuando un joven desea casarse lo comunica a sus padres, quienes hablan con los padres de la muchacha. Si la petición se acepta, se lleva a cabo la ceremonia de acuerdo con la tradición del grupo, y cuando existe la posibilidad también se hace la boda por la iglesia. Los padres dan consejos a los hijos, sobre la vida matrimonial.

El hombre de mayor edad es considerado el jefe de la familia y vive juntamente con su esposa o esposas —ya que la poligamia está permitida—, con sus hijos, hermanas y sus familias, constituyendo así una familia extensa.

La siguiente narración refiere uno de los mitos que se cuentan entre los miembros de este grupo; fue registrada por Fernando Benítez (1968: 117-120) y se refiere al diluvio.

El diluvio

Hubo un hombre llamado Watákame que le gustaba mucho el trabajo y se pasaba el día en el campo tumbando montes, sembrando y cosechando. Watákame siempre quería estar trabajando. Un día tumbó mucho monte, un gran espacio de bosque quedó en el suelo, pero al día siguiente los árboles habían crecido y el monte estaba tan cerrado y tan alto como antes de tumbarlo.

Watákame volvió a tumbar el monte y durante tres días el monte retoñó sin dejar huella de que había sido cortado. Al cuarto día Watákame se preguntó: —¿Por qué ocurre esto? ¿Quién levanta el monte que yo tumbo?

Llegando el quinto día Watákame, después de terminar su trabajo se escondió detrás de un árbol, y no había pasado un largo rato, cuando vió acercarse por el sur a una viejecita que llevaba en su mano su bastón ganchudo de otate. La vieja levantó el bastón a los cuatro puntos cardinales, y al dirigirlo por úl-

timo hacia el centro de la tierra se empezó a levantar el monte.

Watákame empuñó su hacha y corrió adonde estaba la vieja, gritándole:

—Detente. Yo he sudado, yo me he cansado cuatro días tumbando el monte y tú siempre me haces la misma hechicería. Voy a matarte.

—Mira —le dijo ella—, no te enojes. Yo soy Nakawé la Madre de los Dioses, y sé que tu trabajo es un trabajo perdido. Dentro de cinco días comenzará a llover, se desbordarán los ríos y el mundo será cubierto por las aguas. Yo he venido a salvarte.

—Díme cómo puedo salvarme.

—Allí hay un árbol de salate. Mañana lo tiras y con su madera harás una canoa que deberá tener cinco agujeros en el lado derecho y cinco en el izquierdo. Terminada la canoa me buscas cinco cabezas (tallos) de calabaza, cinco granos de maíz de cada color y cinco granos de frijol, cinco semillas de wave, cinco de roble, de pino y de salate. Si sabes de una perrita negra, también te la consigues.

Al quinto día se apareció Nakawé:

—¿Tienes las cosas que te pedí? ¿Está lista la canoa?

—Todo está listo tal como tú lo ordenaste —respondió Watákame.

—Muy bien. Métete pronto en la canoa porque ya viene el agua. Oye los gritos de tus compañeros, de tus vecinos. Se los están comiendo los animales.

—¿Qué animales? —preguntó Watákame.

—El metate, las ollas, las cazuelas, los comales, el molcajete, se han convertido en animales salvajes. Son ellos los que están devorando a tus compañeros.

La pascola encantada.
"el chivo se alzó sobre sus patas traseras"...

Watákame se apresuró entonces a embarcarse con sus semillas y su perrita negra y la canoa principió su navegación llevando en el techo a la diosa Nakawé.

A los cinco días Nakawé le dijo:

—Te abriré un poco para que veas cómo está el mundo.

Watákame, asomado a uno de los agujeros, pudo observar una laguna teñida con la sangre de sus compañeros muertos por los metates, las ollas y los comales.

La canoa fué primero al poniente donde chocó con Washiewe, el Cerro Blanco que está dentro del mar; luego partió al Oriente y allí chocó con la roca Tamana Tinika y se fue al Norte, donde esta vez chocó con la roca Rauramanaka, y se fué al Sur y allí se sentó en la arena de la playa como todavía puede verse convertida en la piedra Mahakate. El lugar se llama Rapavillemetá, que quiere decir lugar de Rapa.

A los cinco días de estar la canoa en la playa, Nakawé le dijo al hombre:

—Pisa la tierra sin temor. Las aguas se han retirado.

Watákame salió de la canoa, dió unos pasos, y sus pies se hundían en la tierra blanda y mojada por lo que todavía son visibles sus huellas, como también es visible el tallo de la calabaza que no se comió durante el viaje y está dentro de una cueva cercana, convertida en piedra.

—Muy bien lo has hecho todo —le dijo Nakawé—. Ahora sólo te falta sembrar las semillas en los cuatro puntos cardinales y comenzar tu vida en el Medio Mundo.

Watákame dió cinco pasos en las direcciones in-

dicadas, que era tanto como andar cinco días y sembró las semillas, hecho lo cual volvió al Medio Mundo, a la región de la costa situada entre San Blas y Tepic. Enseguida construyó una casa, se estableció con su perrita y por espacio de cuatro días trabajó la tierra según era su costumbre.

Ahora bien, siempre que Watákame volvía a su casa encontraba tortillas calientes recién hechas, que se comía mientras la perrita lo miraba moviendo la cola.

—¿Quién hará las tortillas? —se dijo Watákame—. Esto es muy raro y yo tengo que averiguarlo.

El quinto día regresó del campo muy temprano y escondido cerca de la puerta vió cómo su perrita se quitó la piel, la colgó de una viga y se dirigió al río para beber agua. Entonces Watákame tomó la piel la arrojó al fuego y apenas comenzó a quemarse, oyó que su perrita lloraba de dolor en el río. Watákame no perdió el tiempo. Molió un poco de maíz, lo disolvió en agua y cuando volvió la perrita la lavó con el atole del maíz crudo, el maíz azul llamado Ikuyuime. Al terminar de levarla Watákame vió a su perrita transformarse en mujer por lo que le dió el nombre de Tashiwa que significa "Lavada con agua de nixtamal".

Watákame le habló así a Tashiwa:

—Como te gusta mucho tortear desde ahora puedes hacerme la comida y cuidar la casa. Tú serás mi mujer.

Cuatro días se acostó con la perra-mujer. Al quinto día se unieron los dos y cinco días después nacieron dos cuates, un hombre y una mujer para que la tierra despoblada por las aguas pronto se llenara de gente.

> *Todo esto lo veía Tamatz desde Cerro Quemado,*
> *desde Cerro Quemado lo veía todo. Los hijos de Wa-*
> *tákame y Tashiwa fueron los primeros en ir a Leunar*
> *y de esta unión nacieron otros muchos hijos que tam-*
> *bién fueron a Leunar, el Cerro Quemado.*

El mito del diluvio se encuentra en la tradición oral de todos los países; se sabe que en México existía desde antes de la llegada de las influencias de tipo cristiano.

La versión que refiere Benítez es del tipo que cuenta de un individuo que se salva con su perrita, quien se encarga de hacerle las tortillas para que coma, pero en realidad se trata de una mujer que ha sido convertida en perrita. Cuando el hombre la descubre, quema la piel y de esta pareja nace la nueva humanidad.

Otro relato de un ciclo que describe la vida y la muerte de *Kiéri Téwiyári,* la persona datura-malvada, lo registraron Peter T. Furst y Bárbara G. Myerhoff (1972: 65-70).

Los brujos aprendieron de Kiéri

> *Había otros ahí. Vieron cómo era él. Dijeron*
> *'nosotros copiaremos lo que él hace'. Aun desde que*
> *él era chiquito vieron eso. Anduvieron copiándolo. Lo*
> *que dijo Kiéri, lo que hizo. Ellos copiaron eso. Se*
> *sentaron en círculo, copiándolo. El fué su jefe; algu-*
> *nas personas son así, aprenden de él. Siguen su ca-*
> *mino. Se marean y tosen. Los emborracha, hace que*
> *con sus propios pies tropiecen. Se caen retorciéndose.*
> *"Les canta. Usa sus flechas, los engaña. Dice 'yo*
> *soy el* mará'akáme, *síganme'. Influye en ellos de esta*

manera, los hace rodar; de manera que son aprisio-
nados por un deseo de trepar a los riscos altos; de
volar, de saltar hacia abajo, como si fueran volando.
Creen que pueden volar, esas gentes. Aprendiendo
de él se convierten en brujos. Estaban haciendo esta
cosa sin prestar atención. Estaban actuando un en-
cantamiento.

"Otros, en aquellos tiempos, no eran así. Tienen
en ellos el corazón de Nuestro Padre. Tienen en ellos
el corazón de Nuestro Abuelo. Tienen en ellos el co-
razón de Nuestras Madres. Ellos ven esta cosa. Dice
uno: 'ah, no, si yo fuera a seguir a aquél; si fuera a
escuchar mientras él canta; si comiera aquellas cosas,
sería malo. Si voy a comer con seguridad, con buen
corazón, si voy a tener mi vida, si voy a tener mi
poder, tendré que tomar mi lugar en el túki (templo
dedicado a las grandes deidades), tendré que tomar
mi lugar en el xíriki (oratorio de una deidad especí-
fica), tengo que atravesar allá cinco veces, a Wirikú-
ta, allá donde se caza el peyote. Tengo que poner sus
ofrendas en sus lugares. ¿No está bien esto? Yo te
digo esto aquí, como estoy aquí sentado contándo-
telo.

"Ah, no, él no es así. Mire, pasa que había mu-
chos desde que él nació; él los hizo así. Les dice:
'Miren, agarren esa serpiente, ese animal allí, que va
y viene; es bueno, bueno para paralizar a esa perso-
na. Para que caiga cuan largo es. Para que se enfer-
me. Para que muera. Aquellos otros, esas cosas que
se arrastran...' como anduvo diciéndoles. Les co-
menzó lentamente a decir: 'Agarren aquella víbora
chiquita, es buena, hará caso de sus palabras, de sus
órdenes'. El los inició en ese camino. Primero está la

serpiente pequeña. Después hay otras: más cosas malas.

"Comienza a hacer ruidos, los enseña. Hacen ruidos como el venado, desde lejos. Empiezan a llamar desde lejos, cuando alguien muere. Lo llaman, tsiu, tsiu, tsiu. Llaman como los venados a los que se están muriendo. Comienza a hacer ruidos como los buhos, ju, ju, ju, ju, ju. Hacen suish, suish en la noche. Y el enfermo comienza a gemir: 'Ay, ay, ay, ese animal ha venido a comerme, viene a matarme'. Porque Kiéri les enseña esas cosas. Es transformado. Los transforma. Y luego se oye un ruido hecho por el zorro. Kiéri lo dirige. Empieza a decir, cau-u, cau-u, cau-u. Es el zorro. Cuando el zorro se te acerca y te muerde, debes morir. No hay remedio. Es el espíritu de Kiéri que anda errante. Significa la muerte. Es cuando Tukákame anda por ahí. El zorro está ahí.

"Los murciélagos llegan donde hay alguien enfermo. Es como les manda Kiéri, como les enseñó, allá en los tiempos antiguos, cuando él nació. El enfermo yace ahí, duerme. Y llega ese murciélago. Gime en su sueño: 'Ahí viene ese animal, aquí viene otro. Me matará, áyi, saca mi corazón, áyi, grita: 'Ese animal me está matando. Es el Arbol del Viento que me está matando'. Así es como les enseña a hacer estas cosas.

"Esa persona está enferma. Comienza a tener visiones, ve cosas. '—¡Oh! —dice—, aquí viene eso, ahí va aquello; ah, llévatelo, quítalo'. La hace levantarse, ese Arbol del Viento la hace salir al aire, caliente, enferma; al frío de afuera. La está matando. Luego la encuentra allí, tirada, moribunda. Porque el Arbol del Viento está en su contra. Los brujos intentan ma-

El médico yaqui.
"había diferentes flores y muchas velas prendidas"...

tarla. Algunos con navajas, otros con hachas, otros con piedras, otros con esos animales. Donde está el alma intentan agarrarla en la noche, mientras viaja, cuando uno duerme; la agarran, la comen, la tiran, la matan. 'Oh, mi cabeza, oh, oh.' Así es esta cosa, eso es lo que aprenden de él, todo el poder de ese jefe de los brujos. Los transforma, transforma a la gente. De él aprenden.

"Transforma a mucha gente. Las hace como él quiere que sean. Algunos en burros, otros en pájaros, otros en mariposas, volando con un corazón. Todo es hecho por aquella Persona-Kiéri. *Los manda por acá y por allá, de un lugar a otro, como dementes, locos. Van de un lado a otro, regresan y van al otro lado. Algunos ríen como personas contentas, cuerdas. Pero es por el brujo. Porque él empezó todo ésto. Ah, aquél aprende a engañar.*

"Aprende cómo es todo. Las formas correctas de hablar, lo que se dice, cómo se habla: 'Ah, mi hermano mayor, mi hermano menor, cómo está. Hermana menor, cómo estás.' Aprendió bien. Viene hacia ti en forma que no reconoce. No se sabe cómo es interiormente. Cómo es dentro de su boca. Como sabemos bien, allí están las víboras; las cosas que se arrastran están allí dentro. Las enfermedades están allí, los lobos están allí.

"Les canta, toca su tambor, usa sus flechas. Les dice: 'Yo soy el mará'akáme.' *Les dice: 'Mientras yo les toco el tambor, mientras canto el canto, ustedes escuchen, atiéndanme.' Dijo: 'Soy más grande que* Káuyúmari. *Pero ¿puede ser él así? ¿Se puede ser más grande que él, que tiene el corazón de Nuestro Padre, Nuestro Abuelo, Nuestras Madres? No, no puede ser así.*

"*Así habla engañándolos, mintiendo a esas gentes. Anduvo comiendo víboras. Habla con cosas oscuras, habla con cosas coloradas, habla con colores intensos. Habla como borracho. Cuando ven esto, él dice: 'Oh, estoy un poco borracho. Estoy bien. Sé hacerlo.' Se sienta, sintiéndose bien como él dice. No ven cómo es, no ven cómo sale la savia. No lo ven cómo es. Allí se sienta, tiene buena reputación. Les canta:*

Este soy yo, Kiéri borracho.
Estoy aquí abajo,
se me ha ordenado
se me ha ordenado
estar en Tuitári,
¿por qué estoy loco?
Por eso estoy loco,
persigo a las muchachas,
por eso estoy loco.

"*Anda por ahí cantando esa canción de su propia composición, solo. Los toma, los agarra, los muerde, los hace perder el dominio de ellos mismos. Anda cantando, gritando: 'Oh, estoy borracho, oh, oh, ando por todas partes estos días, así soy.' Grita: 'Ah, así soy, borracho, me siento bien: oh, puedo bailar.' Así es como canta, haciéndoles perder el dominio de ellos mismos.*

"*Enseña a los otros. Se sientan con él; aprenden de él. Se convierten en brujos, magos. Les habla: 'Oh, mis hermanos, los trataré bien. Estarán bien conmigo.' Dice: 'Si son así, los voy a tratar bien, los trataré según van.' Canta, 'Ando bailando, vomito mientras bailo, ando bailando.' Hace esto así para recibir las ofrendas adecuadas. 'Ah, dice, mi cara es brillante, arreglada correctamente, brilla. Mi cara está toda pintada, se parece al Sol.' Así anda cantando, anda tocando el tambor, anda engañándolos. Así es él."*

Los mencionados autores (1972: 65) explican que el segundo episodio de este ciclo, al que aquí se hace referencia, narra cómo *"Kiéri Téwivári* enseña a la gente actuando como un verdadero *Mará'akáme.* Utiliza el tambor shamánico, las flechas ceremoniales sagradas y canta para lograr su confianza y luego les da de comer datura. Borrachos con su magia, algunas de sus víctimas enloquecen hasta destruirse; otras aprenden las artes de la brujería: cómo mandar enfermedad y muerte; cómo dominar a las criaturas peligrosas tales como las víboras venenosas y los vampiros, cómo hacer a la gente, en especial a las mujeres, perder su control; cómo mutilar y matar por medios mágicos y cómo transformarse en diversos animales".

La narración citada es importante, porque da una idea de la complejidad y la preponderancia que sigue teniendo la tradición oral entre los huicholes; señala diferentes creencias aún vigentes en su cultura, como son la práctica de la brujería y la transformación de hombres en animales, con el fin de dañar a sus semejantes.

Purépechas o Tarascos de Michoacán

El número actual de hablantes del idioma purépecha o tarasco es de 53,244 personas, distribuidas en 36 municipios del estado de Michoacán. El mayor número de hablantes se concentra en los municipios de Chilchota, Quiroga, Cherán, Paracho, Pátzcuaro, Uruapan, Charapan, Los Reyes, Tzintzuntzan, Coeneo, Erongarícuaro, Nahuatzen y Zacapú (Horcasitas de Barros y Crespo, 1979). Se trata de uno de los grupos del Altiplano Central, que se localiza en la región central del estado de Michoacán, tanto en la zona cercana a los lagos de Pátzcuaro, Zirahuén y Cuitzeo como en la Sierra situada al occidente de dichos lagos.

Para la construcción de las casas se utilizan los materiales propios de cada región; las hay con paredes de ladrillo, de adobe, de madera, con techos de teja, lámina o tejamanil, y cuentan por lo general con un tapanco donde se almacena maíz.

En cuanto a la indumentaria hay todavía hombres que utilizan calzón blanco de manta, aunque cada vez se usa más el pantalón comercial; camisa, sombrero, huaraches y jorongo de lana.

La mayoría de las mujeres usan faldas plegadas, que varían de color según la región, las más comunes son negras o rojas, detenidas con un ceñidor; blusas a veces bordadas, delantales también bordados ocasionalmente y rebozos por lo general de color azul oscuro con rayas azules más claras.

Economía

La base de la economía es la agricultura; los principales productos son maíz, frijol, calabaza, trigo, haba y en menor escala chayote y árboles frutales. Se utilizan el arado y los animales de tracción para sembrar estos productos.

La pesca es una actividad de importancia en la zona lacustre; se utilizan redes, principalmente la que se denomina chinchorro. Las variedades que se obtienen son el pescado blanco, el *akúmara* (pescado espinoso) y otro, que localmente se denomina trucha. Por lo que se refiere a la crianza de animales, hay vacas, bueyes, cerdos, cabras, borregos y aves de corral.

La cacería se practica poco, pero es importante señalar la caza ritual de patos que se lleva a cabo durante el 1o. de noviembre, con el fin de obtener algunas piezas para las ofrendas del día de muertos. Se utilizan tanto rifles como dardos, que tiran con el lanzardardos de tipo prehispánico denominado *tzepaqui* en purépecha, aunque es mejor conocido por *atlatl,* su nombre nahua.

Otra actividad es el comercio de distintos productos. Un lugar importante es el mercado de Erongarícuaro,

El diluvio.
*"la canoa fue primero al poniente donde
chocó con Washiewe"*...

donde se realiza el intercambio de productos, principalmente de leña y pescado, entre los purépechas de la Sierra y los del Lago.

Se elaboran artesanías, entre las que se cuentan la cerámica de diferentes tipos: platos, ollas, poncheras, etc., y las figuras fantásticas de diablos y animales que se hacen en Ocumicho. Objetos de mimbre, ixtle, lechuguilla, tule, palma, carrizo y paja de trigo; bordados y deshilados, telas de cambaya, sarapes, gabanes y cobijas. Se hacen también huaraches e instrumentos musicales, trabajos en madera, joyería de oro, objetos de cobre y trabajos de maque y laca, de origen prehispánico.

La dieta habitual incluye maíz, frijol, calabaza, frutas de la región, pescado y en ocasiones animales domésticos.

Organización religiosa

Después de la Conquista se impuso entre los purépechas la religión católica ocurriendo luego un sincretismo de dioses y celebraciones. Actualmente la religión gira principalmente alrededor de los santos y de Cristo. A los santos masculinos se les denomina Tata Dios (padre o señor Dios); las santas son llamadas Nana yurhis (madre o señora virgen).

Los barrios de cada pueblo están relacionados con la organización ceremonial. Existen asociaciones religiosas así como también cargos para el servicio de la iglesia, y mayordomos o cargueros para la organización de las diferentes fiestas, entre las cuales destacan las patronales que se celebran de acuerdo al santoral católico. En las fiestas, además de los servicios religiosos, se realizan danzas, la de Moros y Soldados es de especial importancia; representaciones como las pastorelas durante las posadas y Navidad; ferias, venta de artesanías y comida, jaripeos y quema de cohetes y castillos.

La mayor parte de los santos se encuentra en relación con los grupos de los que son patrones, tanto de los pueblos como de diferentes grupos de oficios.

Dentro de sus creencias destacan el culto a los muertos, la magia, la brujería y la creencia en "seres gemelos" de los hombres, a los cuales va unido su destino.

Organización política

Se encuentra relacionada con el sistema municipal que rige en toda la República, pero existen también cargos de tipo tradicional, para los cuales se debe cumplir primero con los de menor importancia e ir pasando por los intermedios hasta llegar a los más importantes. Los de mayor importancia son los Principales que forman el Cabildo, seguidos de Alcaldes, Regidores y Mayores.

Generalmente los puestos políticos y los religiosos están interrelacionados. Hay una regla general de distinción y respeto hacia los ancianos, quienes tienen una gran influencia en los asuntos de las comunidades. Tanto los ancianos como los hombres que ocupan los puestos más altos, son los responsables al tomar las decisiones que afectan a todo el grupo.

Organización social

Existen dos procedimientos para llevar a cabo el matrimonio; uno, la petición formal hecha por el padre del muchacho o por su padrino, y otro, que parece ser frecuente, es el rapto, cuando los jóvenes se van juntos y después el padre del novio va a ver a los padres de la muchacha, para disculpar la acción y tratar de hacer los arreglos para el matrimonio.

El matrimonio se realiza por lo civil y por la iglesia, después de éste se hace un desayuno y una comida. Se acostumbra que antes o después de ésta los padres y padrinos de los novios les den la "bendición" junto con una serie de consejos para su vida futura.

Generalmente el nuevo matrimonio vive durante un tiempo en la casa de los padres del joven, hasta que nace su primer hijo y después se cambia a una casa aparte.

El compadrazgo es importante ya que establece lazos de parentesco espiritual entre las personas, a través del bautizo, la confirmación, la primera comunión y el matrimonio, dando como resultado la cohesión social y la consolidación de diferentes vínculos, desde espirituales hasta comerciales.

El siguiente relato, recolectado por Carrasco (1976: 115-117) trata acerca de un hombre que hizo un pacto con el diablo.

Pacto con el diablo

Era un flojo que había agarrado un cargo; y se estaba acercando ya la fiesta y le dice la esposa: "Ya se nos está llegando la fiesta y tú no te apuras. ¿Con qué vamos a hacer la fiesta?" "Pues cómo la haremos, pues —luego le dijo— Pues mañana voy a ver qué encuentro". Otro día se levantó y se fué. "Pues al que encuentre primero, aunque sea el mismo diablo, a ése voy a pedirle el dinero". Se fué caminando cuando ya vio un catrín montado en una mula y luego le dijo: "¿Pa dónde va, amigo?" "Pues voy ahí, señor. Salí de mi casa y dije que al primero que encontrara, a él le había de indicar el negocio que traigo". "Sí, y ¿qué?" "Pues yo tengo esto y esto". "Pues, hombre, yo te voy a decir una cosa. Si me das tú el individuo que cuando tú llegas del trabajo te sale a encontrar, yo te doy lo que necesitas." El señor pensó que le decía al perro que le salía a recibir, dijo: "Sí, cómo no". "Pues yo te llevaré el dinero, y el día que llegue no dejes salir a tu familia, tú nomás sales a recibirlo".

Y llegó a su casa y dijo a su esposa que le iban a traer el dinero. Bueno, pasaron tres noches y a la cuarta oyó el tropelazo y gritos de arrieros, ¡ah, mula! Llegaron ya, y llegó el mero capitán y le entregó el dinero. "¿Dónde lo echamos?" "Ahí a ese huacalito". Y la mujer, oyendo, le dijo a su hija: "Oye cuánto dinero, pues ¿quién es ése?". Ya vaciaron el dinero y se fueron, y las mulas cuando resollaban echaban puras chispas. Luego se fueron. Pues señor, el señor ese, "Ah —es que le dijo— yo tengo necesidad de hacer tres castillos y mandar poner toros y que venga música". "Yo te los traigo los toros, con todo y to-reador; te traigo la música y te mando el que te haga el castillo". Pues sí, llegaron en la víspera los cohe-teros y en el instante allí hicieron los castillos. Igual llegaron los músicos y los toros. Hizo la fiesta y fué a llevar el dinero al cura para la misa. No lo quiso recibir porque desconoció el dinero, vio que no era bueno. Vino la fiesta y hasta tiró el dinero parriba.

Bueno, pues pasó la fiesta y ya llegó el día que le debía entregar la persona, pues; que ya pasó la fiesta y quedó igual de pobre. Estaba triste, y llegó el día. Tenía una hija y ésa es la que le había ofre-cido al señor. El diablo cuando le llevó el dinero le dijo: "Tu hija es la que quiero, no el perro como tu *pensabas." "Bueno, ya está aquí el dinero, sí te voy a cumplir." Llegó, pues, el día y salieron por el camino que les había dicho el diablo. Iban por el camino, cuando había una capillita pequeña. Y la hija era muy devota, dijo a su papá: "papá, vamos a esa capilla a verla. Espérenos aquí." La mamá también iba. El señor se quedó sentado y ellas fueron a la capilla. Y estaba una virgen y le rezaron y dijeron: "Ay, madre santísima, no sé dónde me lleva mi marido a mi hija; tú eres la que nos debes salvar." Pues que les agarró el sueño y se durmieron en esa capilla. Y la imagen se levantó y con otra imagen salieron vestidas de figura de la mujer y su hija.*

Salieron y fueron con el señor. Llegaron donde vivía el diablo, un zaguanzote grande de puro fierro. Tocaron y salió un criado. "¿No estará el señor grande, aquí de esta casa?" "Sí, está." Ya fue y le avisó al diablo grande y le dijo: "No me parecieron bien esas personas". "Anda, pues". Y fue a abrir el zaguán. Y luego que las vió se volteó y dijo volteado al señor: "Le agradeces a tu hija que por devota que fue, eso les valió a ustedes. Esas que me traes son imágenes. Yo no te dije eso. Anda, vete ya". Cerró la puerta y el señor se fue muy pensativo.

A la vuelta la hija volvió a pedirle ir a la capilla, y entonces allí despertaron las otras y salieron con el papá. Cuando salieron dijo el señor: "Vamos ya, hija". Y allí se vinieron para la casa. Y entonces fue cuando se platicaron y el señor le avisó a la esposa cómo había pasado todo. Y se puso a pensar y a pensar y a pensar. Hasta la vida le costó de tanto pensar lo que había hecho y lo que había visto allí en el infierno donde estaban los diablos.

Los brujos aprendieron de Kiéri.
"Les canta, toca su tambor, usa sus flechas"...

En este relato se puede apreciar un tema típicamente europeo, el pacto con el diablo, que evidentemente pasó a México con la Conquista, pero que a través del tiempo ha sido reelaborado con los elementos propios del grupo en donde se narra. Así, se trata de un hombre flojo que acepta un cargo, posición muy importante para los tarascos; sin embargo, no trabaja para cumplir con su compromiso, sino que sale a conseguir dinero de manera fácil y hace un trato con un catrín, sin saber quién es en realidad, y cuando éste le pide a cambio del dinero que le dé a quien lo sale a recibir cuando regresa a su casa, el hombre ingenuamente piensa en su perro. Una vez que el diablo le entrega todo lo que necesita para la fiesta, se aclara la situación y el pacto sigue en pie.

Cuando llega el momento de entregar a su hija al diablo, la muchacha se salva por ser devota, ya que a pesar de que ni la madre, ni la hija saben lo que pasa a ciencia cierta, sospechan algo y entran a rezar a una capilla pidiéndole a la virgen que les ayude; el milagro se opera y las imágenes toman el lugar de las dos mujeres, y por ello el diablo no puede salirse con la suya. La familia regresa a su casa, pero como sucede generalmente, el culpable recibe como castigo la muerte.

Otro relato, que se refiere al rechazo de un cargo, fue recopilado por Van Zantwijk (1974: 166-167).

Rechazo de un cargo

El candidato testarudo rechazó el cargo porque tenía ilusión de comprar una casa en Pátzcuaro con 20,000 pesos que había reunido con el sudor de su frente. Con el incidente, su prestigio social bajó de tal manera que tuvo que acelerar sus arreglos y salir cuanto antes de esa situación insostenible, pero antes de que pudiera realizar sus planes, los dioses comenzaron a castigarlo (según los decires del pueblo). Su mujer y su hija cayeron gravemente enfermas. El hombre estaba decidido a comprar la casa y partió para Pátzcuaro en el camión, llevando el dinero escondido entre sus ropas. La "ira de San Francisco" le tocó de nuevo y al llegar a Pátzcuaro se dió cuenta de que había perdido el dinero. Nunca lo encontró. Luego murió su hija y su nuera cayó enferma. Se puso grave, y por fin el hijo, esposo de la enferma, venció la resistencia del padre. El hijo tomó la comisión y el padre aceptó cubrir la mayor parte del gasto. Entonces el hijo se dirigió a la iglesia y se llevó las tres imágenes a casa. Los principales aceptaron la solución porque, después de todo lo acontecido, el padre no habría podido detentar el cargo y se resignaron a admitir que un individuo que no había desempeñado el número prescrito de cargos menores saltara un peldaño en la escala jerárquica. Así fué que en el año de 1963 el Capitán Soldado era un hombre extremadamente joven. A los tres días de aceptado el cargo, las dos enfermas empezaron a recobrar la salud.

Este tipo de relato, como experiencia personal, cuando el que narra inclusive conoce a los protagonistas y sabe las fechas del suceso, tiene una función específica dentro de la comunidad. En este caso se está ejerciendo una presión social en el auditorio, con el fin de no apartarse de sus obligaciones para con las imágenes de los santos. Dado que entre los miembros de este grupo es muy importante el sistema de cargos, cuando alguien rechaza uno, queda expuesto no sólo a la crítica y desaprobación social, situación ya de por sí grave, sino también a innumerables desgracias enviadas supuestamente por los santos enojados —o sea por la intervención de lo sobrenatural—, como en este caso, la muerte de un miembro de la familia, la enfermedad de otros y la pérdida del dinero ahorrado; situaciones que se van remediando en lo posible únicamente después de que se cumple con el cargo para el cual se fue elegido.

Pacto con el diablo.
"vio un catrín montado en una mula"...

La ciudad de San Luis Potosí

La ciudad de San Luis Potosí —capital del Estado del mismo nombre— está situada en la parte centro-norte de la República Mexicana. Como en toda zona urbana, sus habitantes se dedican a muy diversas actividades, pero resulta interesante hacer notar que en dicha ciudad siguen vigentes diferentes aspectos de la cultura popular tradicional. Entre ellos cabe señalar las fiestas, la comida regional y algunos relatos, ejemplos del tema que nos ocupa.

El viernes anterior a la Semana Santa —que se celebra en fecha movible— en la ciudad se lleva a cabo la fiesta del Viernes de Dolores. Se colocan en las casas altares con la imagen de la virgen, limas, trigo germinado y banderitas de papel de colores, y a todos los visitantes que llegan a ver el altar se les obsequia agua de limón con chía.

El 25 de agosto se hace la fiesta para el santo patrón de la ciudad: San Luis Rey de Francia, con una fiesta que comienza una semana antes, en la que hay exposición ganadera, agrícola y artesanal, así como distintos servicios religiosos, feria con juegos mecánicos y puestos de comida, y durante las noches se queman cohetes y se prenden castillos de luces de colores.

La fiesta para Todos Santos y Día de Muertos, en la que se honra a los difuntos, es también importante. Se colocan puestos en los que se venden diferentes dulces: calaveras de azúcar, figuras de dulce de pepita y figuras de azúcar en forma de diferentes animales, a los que se les da el nombre de "alfeñique".

También hay venta de panes cuya forma semeja muertos con los brazos cruzados, adornados con azúcar pintada de color rosa. En las casas se colocan altares con ofrendas para los difuntos que consisten de panes, calabaza en dulce, frutas como guayabas, plátanos y naranjas, así como flores de cempazúchil, también llamadas "flor de muerto", y las ventanas de las casas se abren con el fin de que los altares puedan ser vistos de la calle.

Durante las posadas y la Navidad se acostumbra representar pastorelas, de origen español, cuyas raíces se encuentran en el teatro religioso de la época medieval. Estas obras son de carácter simbólico y hacen alusión al nacimiento del niño Dios; fueron utilizadas por los frailes durante la Colonia con el propósito de introducir la nueva doctrina. El argumento de las pastorelas se refiere al viaje de los pastores hacia el portal de Belén, los esfuerzos del diablo y sus compañeros —representantes de las fuerzas del mal— para evitar que lleguen, la lucha del Arcángel San Miguel con Lucifer hasta que lo vence, y finalmente la adoración del Niño Dios por los pastores.

La comida regional es muy variada; se puede mencionar: las enchiladas potosinas rellenas de queso con salsa de chile ancho; los taquitos rojos de chile ancho que se sirven con verduras, queso y manitas de puerco; las gorditas de pastor hechas con maíz molido en metate, rellenas de huevo y longaniza; las gorditas de cuajada que se hacen con maíz molido y cuajada de leche; la birria, las chalupas, los tamales dulces, rojos, verdes y de picadillo; los nopalitos preparados en diferentes formas: en pipián, con chile cascabel, con papas o en ensalada.

Son populares también el queso de cabra y el queso de tuna; entre las bebidas se pueden mencionar el "colonche", que es una bebida fermentada de tuna cardona (una tuna chiquita de color rojo), el atole de miel y el atole de cáscara (que se hace con piloncillo, masa y cáscara de cacao) y el café de olla. Y entre los dulces, la miel de maguey con queso añejo, la cajeta, el chocolate y las trompadas.

Hay comidas especiales para ciertas temporadas festivas. Por ejemplo, en Cuaresma se preparan la torrejas (pan de huevo mojado en leche y capeado, servido con miel de maguey), la capirotada, el pipián verde o rojo con nopales y "papa del monte" (que es una papa muy pequeña) y las tortas de camarón con caldillo de jitomate y rebanadas de cebolla.

En este ambiente urbano e integrado a la vida nacional, en el que siguen existiendo manifestaciones de la cultura popular tradicional, sobre todo aquellas asociadas con el ciclo anual de festividades, todavía hay personas que recuerdan diferentes relatos que se originaron en este lugar, como el siguiente que se refiere a un personaje popular, famoso en el siglo pasado y cuya vida, aún hoy, se cuenta ocasionalmente.

Rechazo de un cargo.
*"al llegar a Pátzcuaro se dio cuenta de que
había perdido el dinero"...*

Juan del Jarro

Por el año de 1835 o 1840, en el siglo pasado, vivió en la ciudad de San Luis Potosí un señor muy pobre que se llamaba Juan del Jarro, así le decían..., vestía siempre con ropa rota, andrajos, andaba sucio, pero llevaba sombrero de copa también muy viejo y siempre, siempre cargaba un jarro a todas partes. Este jarro lo usaba para ir poniendo la comida que le regalaba la gente, porque él era pordiosero, pedía comida y dinero, pero no lo usaba solo para él, sino que, como era muy buena gente, con eso iba ayudando a otras personas que lo necesitaban. Y sabía como curar a los enfermos, por eso los pobres de la ciudad lo seguían y lo querían mucho.

Dicen que también los ricos lo buscaban, éstos porque querían saber cosas del futuro, dicen que Juan del Jarro era vidente, que adivinaba el porvenir, ya que con solo ver a las personas sabía que destino tenían, si les iba a ir bien o mal, o si les iba a suceder alguna desgracia. Todo lo podía decir. Una vez una muchacha rica y muy joven le preguntó como iba a ser su vida, si se iba a casar y con quién. Dicen que Juan sólo la miró con lástima y le dijo que no iba a vivir lo suficiente para llegar a casarse. La muchacha se rió, pero todo se cumplió como lo había dicho Juan, porque poco después la joven se murió.

Muchas personas decían que era santo, porque siempre tenía algo que darle a los pobres o algo que hacer por ellos. Cuando Juan murió toda la gente de la ciudad cooperó para que se le comprara su ataúd y se le hiciera un buen entierro. Dicen que lo velaron en una de las iglesias de la ciudad y que al en-

tierro fueron muchísimas personas formando proce-
sión tras el ferétro y fué enterrado en el antiguo
panteón de la ciudad.

A su tumba siguieron acudiendo personas a poner
velas y flores durante mucho tiempo, ya que decían
que su ánima era capaz de interceder por ellos o de
hacer milagros.

Dicen que cuando desapareció el viejo panteón,
una persona se encargó de trasladar los restos de Juan
a una cripta en el panteón del Saucito donde su alma
siguió siendo venerada. Ahora ya no se sabe dónde
está la tumba, o tal vez haya algunas personas que
lo recuerden.

En este relato se ve la forma en que un personaje
popular queda envuelto en la leyenda, se dicen de él muchas cosas: que hacía curaciones milagrosas, que pedía
limosna para ayudar a los demás y que era una especie
de profeta que podía leer el futuro y hacer a la gente
indicaciones sobre su porvenir.

El rasgo más importante es, tal vez, el hecho de que
se le siguió rindiendo culto o veneración a su alma después de muerto, ya que el pueblo lo suponía santo o capaz
de interceder por ellos ante lo sobrenatural y por eso
en su tumba se colocaban flores y veladoras, acciones
que se encuentran asociadas con el culto a las ánimas,
pues popularmente se considera que las almas de los difuntos, y sobre todo de aquellos con características especiales, son capaces de ayudar a la gente a resolver sus
problemas.

Otro relato que recolectamos de una persona originaria de San Luis Potosí, es aquel, bastante generalizado
en diferentes lugares del país, que habla acerca de la
llorona.

La Llorona

Cuentan que vivió en San Luis una mujer muy bonita, que se casó y tuvo dos hijos. Al parecer vivía bien con su esposo, pero tiempo después tuvo un amante y cuando su marido se enteró buscó a aquel hombre y lo mató, huyendo después con rumbo desconocido.

En poco tiempo ella tuvo otros amantes y empezó a estar mal de la cabeza, como loca, pues pensó que sus hijos le estorbaban y que era mejor que ella misma los matara.

Le daba vueltas a la idea, hasta que una noche en que llovía muy fuerte se los llevó al río y allí los ahogó.

Cuando apenas había cometido el crimen se arrepintió y entonces sí se trastornó, andaba sola, sin hablar con nadie, y casi sin comer. Se pasaba las horas nada más sentada y con la vista fija. Pero los días peores era cuando llovía porque se salía desesperada a caminar por las orillas del río, sin dejar de gritar y llorar por sus hijos. Sus lamentos eran tan horribles que las personas se asustaban al oirla.

Cuando esta mujer murió, su alma no pudo descansar y se aparecía por las noches cerca del río, dando gritos, llorando y lamentándose por los hijos que había matado. Hay muchas personas que dicen haberla oído.

Como se señaló, la Llorona es ampliamente conocida en los relatos mestizos e indígenas de todo México. Se trata de una mujer que se aparece en las noches, con el cabello suelto y generalmente vestida de blanco, llorando y gritando por sus hijos.

Juan del Jarro.
"por eso los pobres de la ciudad lo seguían"...

Esta narración tiene sus orígenes en la época prehispánica, pues de acuerdo con Sahagún (1938, tomo IV: 26), entre las señales y pronósticos que tuvieron los indígenas antes de la llegada de los españoles, una fue "...que se oyó de noche en el aire una voz de mujer que decía: ¡Oh hijos míos, ya nos perdimos! algunas veces decía: ¡Oh hijos míos, adónde os llevaré!"

El mismo Sahagún (1938, tomo II: 24-25) refiere que creían que "había otra manera de fantasmas que de noche aparecían... aparecía una mujer pequeña, enana, que llamaban *cuitlapanton*... cuando esta tal fantasma aparecía luego tomaban agüero que habían de morir en breve, o que les había de acontecer algún infortunio, esta fantasma aparecía como una mujer pequeña, enana, y que tenía los cabellos largos hasta la cinta..."

Todavía en la actualidad, se conoce en diferentes lugares el relato de una mujer que camina por la noche, mientras llora por sus hijos, y esta historia de San Luis Potosí, con sus elementos nuevos o locales, muestra la persistencia de algunos temas de la literatura popular.

La ciudad de Guanajuato

Guanajuato es una ciudad impregnada de historia y tradiciones. Sus habitantes se dedican a diferentes actividades, entre las que destaca el servicio turístico, ya que el lugar ofrece al visitante muchos y muy variados sitios que conocer.

Las manifestaciones culturales populares continúan vigentes en esta ciudad. Por lo que se refiere a las artesanías, se elaboran de cerámica, de piel y joyas de plata; otros objetos de este tipo que se hacen en distintas partes del Estado, se concentran en la Casa de las Artesanías.

El ciclo anual de fiestas populares que se celebran en la ciudad está regido por el santoral católico, pero en las festividades, además de los servicios religiosos, se presentan elementos tradicionales.

El 20 de enero se celebra a San Sebastián, cuya fiesta comienza con ocho días de anticipación, con un novenario, y el día 20 hay misa, música, danza de Concheros y fuegos artificiales.

El Viernes de Dolores, desde muy temprano en la mañana hay venta de flores, ramos y trigo germinado en el jardín de la Unión. En las casas se colocan altares en honor de la Virgen de los Dolores, con frutas, banderitas de papel de colores, flores y trigo germinado; a las personas que llegan a las casas a ver los altares se les ofrece por lo general agua fresca y nieve. Asimismo, en el interior de los minerales se celebra misa en honor de la Virgen, la patrona de los mineros, y es el único día del año que se les permite a las mujeres entrar en las minas. El domingo de Ramos se venden y se bendicen palmas, y en la Semana Santa se hacen procesiones en diferentes templos.

El jueves de la Ascensión se hace fiesta para el Señor de Villaseca en el Mineral de Cata, donde bailan los Concheros, se toca música y se truenan cohetes.

Durante todo el mes de mayo se realizan celebraciones en honor de la Virgen de Guanajuato, una de las patronas de la ciudad, que consiste en procesiones que diariamente organiza un diferente grupo laboral: mineros, comerciantes, choferes, etc., acompañadas de música y al finalizar, hay quema de castillos y toritos.

El día de San Juan Bautista se hace una fiesta en la Presa de la Olla. Las personas del lugar se reúnen allí a comer, se tocan diferentes melodías interpretadas por conjuntos musicales y estudiantinas y al anochecer se queman castillos.

El 31 de julio se celebra a San Ignacio —el otro santo patrón de la ciudad—, se hace una misa y después las personas se reúnen en un lugar llamado "El Hormiguero", situado en el Cerro de la Bufa en las afueras

La llorona.
"se aparecía por la noche cerca del río,
dando gritos"...

de la ciudad, en donde se hace una comida campestre, tocan diferentes conjuntos musicales y se venden distintos productos.

El día de San Miguel Arcángel —29 de septiembre— en el cerro del Cuarto, uno de los que rodean a la ciudad, la organización conocida como "Tropa o Compañía de San Miguel" interpreta una representación de las peleas entre el Diablo y San Miguel.

En Guanajuato se conocen un sin número de relatos, sobre todo de la época colonial, que narran diferentes sucesos acaecidos en la ciudad. Entre los más conocidos se encuentran narraciones acerca de hechos que ocurrieron en diferentes calles, como el del Callejón del Beso, historias acerca de las famosas momias, o acerca de apariciones de espíritus y fantasmas, así como de milagros realizados por diferentes imágenes o sobre la vida de personajes populares, muchos de los cuales han sido impresos en publicaciones locales como "leyendas, tradiciones y sucedidos" de la ciudad.

Sin embargo, las distintas narraciones se conservan también en la tradición oral, ya que van pasando de padres a hijos. El siguiente relato, que trata acerca de los milagros de un Cristo, nos fue referido por una mujer analfabeta, originaria del Mineral de Cata, lugar en donde se venera la imagen.

Los milagros del Señor de Villaseca

El cristo de Villaseca fué traído a la iglesia del mineral de Cata hace muchos, muchos años y desde entonces es muy venerado porque se trata de una imagen muy milagrosa.

Ha hecho tantos milagros que ya se ha perdido la cuenta de ellos, pero las personas agradecidas le traen pinturas en donde representan los milagros, para darle las gracias por sus favores, por eso hay tantas pinturas en la pared, junto al Cristo.

Una señora, hace ya varios años, estaba muy enferma, sus hijos la llevaron a ver a distintos doctores, a uno de León, a otro de Celaya y hasta a México la llevaron, pero ninguno de ellos la sanó, un día fué con mucha devoción a ver al Señor de Villaseca y le ofreció que si la sanaba le mandaría pintar su milagro y subiría a la iglesia cada ocho días, y en poco tiempo el santo cristo la sanó.

También hubo un hombre que durante la Revolución iba a ser fusilado, allá por el norte, creo, él era de aquí de Guanajuato y cuando pasó por aquello, se encomendó al Señor de Villaseca. Estando ya para ser fusilado, se presentó de pronto uno de sus generales con su gente y lo salvaron, ésto sucedió porque él se había encomendado al Señor de Villaseca, así que cuando por fin regresó a Guanajuato le colgó su milagro al Cristo y siempre fué su devoto.

Otro milagro que hizo este Cristo sucedió hace ya mucho tiempo cuando había aquí trabajando muchos mineros. Había una muchacha muy bonita que se casó con un minero muy bueno. El le daba todo lo que podía, pero ella como era bonita era también coqueta y quería tener más cosas, por eso, dicen que se buscó un querido, y cada vez que su esposo salía a trabajar a la mina ella se iba con su querido llevándole el almuerzo en una canasta.

Esto sucedió durante un tiempo, hasta que no faltó quien le insinuara al marido lo que estaba pasando. El señor se puso muy celoso y decidió matar a la mala mujer, así que al otro día hizo como que se iba al trabajo a la mina y la esperó por el camino.

Poco después salió la mujer con la canasta en que llevaba el almuerzo cubierta con una servilleta. Iba muy contenta, pero el marido le salió al paso sacando un cuchillo y preguntándole que llevaba en la canasta.

Ella al verse descubierta se asustó, pero reaccionó rápidamente y encomendándose al Señor de Villaseca para que la salvara le contestó que en la canasta llevaba flores para el cristo. El marido levantó la servilleta con el cuchillo y para su sorpresa encontró que en ella había flores recién cortadas.

El marido entonces creyó en la mujer y ella se fué directamente a la iglesia donde se arrodilló frente al cristo de Villaseca, le pidió perdón, le agradeció el haberla salvado y se arrepintió de todos sus pecados y le prometió enmendarse y volver a ser una mujer fiel.

En este relato se muestra que la venerada imagen del Cristo de Villaseca es capaz de hacer milagros de diferente índole, como son curar enfermedades, salvar de muerte a las personas que lo invocan, e inclusive hacer el milagro a una mujer casada de que su esposo no se dé cuenta de que lo engaña. Se humaniza a tal grado a la imagen, que es absolutamente capaz de entender a los hombres y tomar medidas milagrosas en todos sus asuntos.

Los creyentes, después de verse beneficiados con sus favores, en reciprocidad le llevan retablos o ex-votos en los cuales pintan una escena que se refiere al milagro y

Los milagros del Señor de Villaseca.
"Pero el marido le salió al paso sacando un cuchillo". . .

agradecen los favores recibidos. La iglesia donde se venera a este Cristo se encuentra verdaderamente tapizada de estos ejemplos de pintura y devoción populares.

Ezequiel Almanza (s/f: 54-56) cita un corrido que data de 1792, el cual, dice, cantó el pueblo de Guanajuato; se refiere al milagro que el Señor de Villaseca hizo a la mujer infiel del relato anterior, y que dice:

Año de mil setecientos
noventa y uno el pasado,
tuvo lugar un suceso
con una mujer casada.

Era esposa de un minero,
pero era una mala mujer,
que mientras él trabajaba
ella con otro se iba a ver.

Era de mero Mellado,
pero ella era una ingrata,
porque tenía su querido
y bajaba a verlo a Cata.

Cuando lo supo el marido,
afiló una enorme daga,
para lavar su deshonra
matando aquella malvada.

Temprano salió del trabajo
para espiar a su señora,
y al verla pasar le dijo:
—¿A dónde vas mujer traidora?

Ella en vez de asustarse,
le dijo haciendo una mueca:
—Voy a llevarle estas flores
al Señor de Villaseca.

Lo que traía en la canasta
con servilleta elegante,
era un almuerzo sabroso
que le llavaba a su amante.

Quiso matarla en el acto
por infiel y por coqueta,
y con la punta de la daga
levantó la servilleta.

Su sorpresa fue muy grande
como eran sus sinsabores;
pero vió que la canasta
estaba llena de flores.

El Señor de Villaseca
el milagro lo había hecho,
y el marido sin saberlo
se quedó muy satisfecho.

Ella pidió confesión
para desterrar al diablo,
y al Santo de Villaseca
le mandó hacer un retablo.

Ya les conté este corrido
de aquella mujer ingrata,
cuya historia sucedió
en el mineral de Cata.

Se puede apreciar que el tema del relato y del corrido es el mismo, cuyo origen fue, posiblemente, algún hecho real, que después se fue reelaborando en la tradición oral hasta hacerlo pasar por un milagro del Cristo de Villaseca.

Indice de relatos

El grillo y el león
Del libro de Maurilio Muñoz *Leyendas Tarahumaras*.
1965: 25-26.

El fuego y el tlacuache
Del libro de Carlos Incháustegui *Relatos del Mundo Mágico Mazateco*. 1977: 67.

Los La'a
Del libro de Carlos Incháustegui *Relatos del Mundo Mágico Mazateco*. 1977: 113.

La mujer que tenía dos almas
Del libro de Roberto J. Weitlaner *Relatos, Mitos y Leyendas de la Chinantla*. 1977: 179-180.

La tuza trajo el maíz
Del libro de Roberto J. Weitlaner *Relatos, Mitos y Leyendas de la Chinantla*. 1977: 88.

Kondoy, el líder mixe que nació de un huevo
Del libro de Walter S. Miller *Cuentos Mixes*. 1956: 105-109.

El marido rayo
Del libro de Walter S. Miller *Cuentos Mixes*. 1956: 110-111.

Pedro Yam-Bak
Del libro de Norman D. Thomas et al. *Los Zoques de Chiapas*. 1975: 227-229.

El cazador y el jaguar
Del libro de Norman D. Thomas et al. *Los Zoques de Chiapas*. 1975: 229-231.

La esposa bruja
Del libro de Mieldred Kiemele *Cuentos Mazahuas*. 1979: 34-39.

Un coyote amigo de un perro
Del libro de Mieldred Kiemele *Cuentos Mazahuas*. 1979: 88-91.

La pascola encantada
Del libro de Alfonso Fabila *Las Tribus Yaquis de Sonora*. 1978: 255-256.

El médico yaqui
Del libro de Ruth W. Giddings *Yaqui Myths and Legends*. 1959: 65.

El diluvio
Del libro de Fernando Benítez *En la Tierra Mágica del Peyote*. 1968: 117-120.

Los brujos aprendieron de Kiéri
Del libro de Peter T. Furst, Bárbara G. Meyerhoff, et al. *El Peyote y los Huicholes*. 1972: 65-70.

Pacto con el diablo
Del libro de Pedro Carrasco *El Catolicismo Popular de los Tarascos*. 1976: 115-117.

Rechazo del cargo
Del libro de R. A. M. Van Zantwijk *Los Servidores de los Santos*. 1974: 166-167.

Juan del Jarro
Recopilado por Lilian Scheffler, en México, D. F., en septiembre de 1980; informante señora Dolores Rivera de 70 años, originaria de San Luis Potosí.

La Llorona

Recopilado por Lilian Scheffler, en México, D. F., en septiembre de 1980; informante señora Dolores Rivera de 70 años, originaria de San Luis Potosí.

Los milagros del Señor de Villaseca

Recopilado por Lilian Scheffler, en Guanajuato, Gto., en abril de 1979; informante señora Avelina García de 68 años.

Bibliografía

ALMANZA CARRANZA, Ezequiel. *Relatos y Sucedidos de Guanajuato*. León, Guanajuato. s/f.

BAER, Phillip y William R. MERRIFIELD. *Los Lacandones de México*. Dos Estudios. México. S.E.P. Instituto Nacional Indigenista (Serie de Antropología Social, No. 15). 1972).

BARLOW, Robert H. "Un Cuento sobre el Día de Muertos". *Estudios de Cultura Náhuatl*. U.N.A.M. Instituto de Investigaciones Históricas. Vol. II, p. 77-82. 1960.

BASCOM, William. "The Forms of Folklore: Prose Narratives". *Journal of American Folklore*. January-March. Vol. 78. No. 307, p. 3-20. 1965.

BEALS, Ralph L. "The Tarascans". *Handbook of Middle American Indians*. Austin. University of Texas Press. Vol. 8, p. 725-773. 1969.

BENITEZ, Fernando. *Los Hongos Alucinantes*. México. Ediciones Era. 1964.

———. *En la Tierra Mágica del Peyote*. México. Ediciones Era. 1968.

BENNETT, Wendell C. y Robert M. ZINGG. *Los Tarahumaras*. Una Tribu India del Norte de México. México. S.E.P. Instituto Nacional Indigenista. (Clásicos de la Antropología Mexicana, No. 6). 1978.

BRUCE, Roberto D., Carlos ROBLES U. y Enriqueta RAMOS CHAO. *Los Lacandones*. 2 Cosmovisión Maya. Proyecto de Estudios Antropológicos del Sureste. México. Instituto Nacional de Antropología. (Departamento de Investigaciones Antropológicas. Publicaciones, No. 26). 1971.

CAMPOS, Rubén M. *El Folklore Literario de México*. Investigación acerca de la Producción Literaria Popular (1525-1925). México. S.E.P. Talleres Gráficos de la Nación. 1929.

CARRASCO, Pedro. *El Catolicismo Popular de los Tarascos*. México. SEP/SETENTAS (No. 298). 1976.

CORTEZ RUIZ, Efraín C. *San Simón de la Laguna*. La Organización Familiar y lo Mágico-Religioso en el Culto al Oratorio. México. S.E.P. Instituto Nacional Indigenista. (Serie de Antropología Social, No. 12). 1972.

CHERTUDI, Susana. *El Cuento Folklórico*. Buenos Aires, Argentina. Centro Editor de América Latina. 1967.

DINERMAN, Ina R. *Los Tarascos, Campesinos y Artesanos de Michoacán*. México. SEP/SETENTAS (No. 129). 1974.

DORSON, Richard M. "Leyendas y Cuentos Extraordinarios". En: *El Retorno de los Juglares*. México. Editores Asociados S. de R. L., p. 239-262. 1972.

DUBY, Gertrude y Franz BLOM. "The Lacandon". *Handbook of Middle American Indians*. Austin. The University of Texas Press. Vol. 7, p. 276-297. 1969.

ESPINOSA, Aurelio M. "La Transmisión de los Cuentos Populares". *Archivos de Folklore Cubano*. Vol. 4. No. 1, p. 39-52. 1929.

FABILA, Alfonso. *Las Tribus Yaquis de Sonora*. Su Cultura y Anhelada Autodeterminación. México. S.E.P. Instituto Nacional Indigenista. (Clásicos de la Antropología, No. 5). 1978.

FOSTER, George M. "The Mixe, Zoque and Popoluca". *Handbook of Middle American Indians*. Austin. University of Texas Press. Vol. 7, p. 448-477. 1969.

―――. *Tzintzuntzan*. Los Campesinos Mexicanos en un Mundo en Cambio. México. Fondo de Cultura Económica. 1972.

FRIED, Jacob. "The Tarahumara". *Handbook of Middle American Indians*. Austin. University of Texas Press. Vol. 8, p. 846-870. 1969.

FURST, Peter T. y Salomón NAHMAD. *Mitos y Arte Huicholes*. México. SEP/SETENTAS. (No. 50). 1972.

GIDDINGS, Ruth W. *Yaqui Myths and Legends*. Tucson, Arizona. (Anthropological Papers of the University of Arizona, No. 2). 1959.

GRIMES, Joseph E. y Thomas B. HINTON. "The Huichol and the Cora". *Handbook of Middle American Indians*. Austin. University of Texas Press. Vol. 8, p. 792-813. 1969.

HORCASITAS DE BARROS, M. L. y Ana María CRESPO. *Hablantes de Lengua Indígena en México*. México. S.E.P. Instituto Nacional de Antropología e Historia. (Colección Científica, No. 81). 1979.

HORCASITAS, Fernando y Sara O. de FORD. *Los Cuentos en Náhuatl de Doña Luz Jiménez*. México. U.N.A.M. Instituto de Investigaciones Antropológicas (Serie Antropológica, No. 27). 1979.

INCHAUSTEGUI, Carlos. *Relatos del Mundo Mágico Mazateco*. México. S.E.P. Instituto Nacional de Antropología e Historia. 1977.

IWANSKA, Alicja. *Purgatorio y Utopía*. Una Aldea de los Indígenas Mazahuas. México. SEP/SETENTAS (No. 41). 1972.

KIEMELE MURO, Mieldred. *Cuentos Mazahuas*. México. Biblioteca Enciclopédica del Estado de México. 1979.

KLUCKHOHN, Clyde. "Recurrent Themes in Myth and Mythmaking". En *The Study of Folklore*. Englewood Cliffs, N. J. Prentice Hall, p. 158-168. 1965.

LEON-PORTILLA, Miguel. *Literatura del México Antiguo*. Los Textos en Lengua Náhuatl. Caracas, Venezuela. Biblioteca Ayacucho. 1978.

LUMHOLTZ, Carl. *El México Desconocido*. México. Editora Nacional. (2 volúmenes). 1970.

MELETINSKI, E. *El Estudio Estructural y Tipológico del Cuento*. Buenos Aires, Argentina. Rodolfo Alonso Editor. 1972.

MILLER, Walter S. *Cuentos Mixes*. México. Instituto Nacional Indigenista. (Biblioteca de Folklore Indígena, No. 2). 1956.

MUÑOZ, Maurilio (Recopilador). *Leyendas Tarahumaras*. México. Instituto Nacional Indigenista. 1965.

NAHMAD SITTON, Salomón, Otto KLINEBERG, Peter T. FURST y Bárbara G. MEYERHOFF. *El Peyote y los Huicholes*. México. SEP/SETENTAS. (No. 29). 1972.

NOLASCO ARMAS, Margarita. *Oaxaca Indígena*. Problemas de Aculturación en el Estado de Oaxaca y Subáreas Culturales. México. Instituto de Investigación e Integración Social del Estado de Oaxaca. (Serie Investigaciones, No. 1). 1972.

NUTINI, Hugo G. y Barry L. ISAAC. *Los Pueblos de Habla Náhuatl de la Región de Tlaxcala y Puebla*. México. S.E.P. Instituto Nacional Indigenista. (Serie de Antropología Social, No. 27). 1974.

PAREDES, Américo (Editor y Traductor). *Folktales of Mexico*. Chicago and London. The University of Chicago Press. 1970.

PINON, Roger. *El Cuento Folklórico*. Buenos Aires, Argentina. EUDEBA (Cuadernos de EUDEBA, No. 136). 1965.

PROPP, Vladimir. *Morfología del Cuento*. Madrid. Editorial Fundamentos. 1971.

ROJAS GONZALEZ, Francisco. "Los Mazahuas". *Revista Mexi-*

cana de Sociología. Septiembre-Diciembre. Año I. Vol. I. Nos. 4 y 5, p. 99-122. 1939.

SAHAGUN, Fr. Bernardino de. *Historia General de las Cosas de Nueva España. México.* Editorial Pedro Robredo (5 volúmenes). 1938.

SPICER, Edward H. "The Yaqui and the Mayo". *Handbook of Middle American Indians.* Austin. University of Texas Press. Vol. 8, p. 830-845. 1969.

TORRES QUINTERO, Gregorio. *Mitos Aztecas.* Relación de los Dioses del Antiguo México. Manuel Porrúa, S. A. (Qué sé... No. 13). 1978.

―――. *Leyendas Aztecas.* México. Manuel Porrúa, S. A. (Que sé... No. 14). 1978.

UTLEY, Francis Lee. "Folk Literature: An Operational Definition". En: *The Study of Folklore.* Englewood Cliffs, N. J. Prentice Hall, p. 7-24. 1965.

VAN ZANTWIJK, R. A. M. *Los Servidores de los Santos.* La Identidad Social y Cultural de una Comunidad Tarasca en México. México. S.E.P. Instituto Nacional Indigenista. (Serie de Antropología Social, No. 32). 1974.

VANSINA, Jan. *La Tradición Oral.* Barcelona, España. Editorial Labor. (Nueva Colección Labor, No. 22). s/f.

VILLA ROJAS, Alfonso, José M. VELASCO TORO, Félix BAEZ-JORGE, Francisco CORDOBA y Norman D. THOMAS. *Los Zoques de Chiapas.* México. S.E.P. Instituto Nacional Indigenista. (Serie de Antropología Social, No. 39). 1975.

VILLA ROJAS, Alfonso. *Los Elegidos de Dios.* Etnografía de los Mayas de Quintana Roo. México. S.E.P. Instituto Nacional Indigenista. (Serie de Antropología Social, No. 56). 1978.

WEITLANER, Roberto J. y Carlo Antonio CASTRO G. *Papeles de la Chinantla,* I Mayultianguis y Tlacoatzintepec. México. Instituto Nacional de Antropología e Historia (Serie Científica, No. 3). 1954.

WEITLANER, Roberto J. y Howard B. CLINE. "The Chinantec". *Handbook of Middle American Indians.* Austin. University of Texas Press. Vol. 7, p. 523-552. 1969.

WEITLANER, Roberto J. y Walter A. HOPPE. "The Mazatec". *Handbook of Middle American Indians.* Austin. University of Texas Press. Vol. 7, p. 516-522. 1969.

WEITLANER, Roberto J. (Recopilador). *Relatos, Mitos y Leyendas de la Chinantla*. Selección, introducción y notas de María Sara Molinari, María Luisa Acevedo y Marlene Aguayo Alfaro. México. S.E.P. Instituto Nacional Indigenista. (Serie de Antropología Social, No. 53). 1977.

ZELENIN, Dmitry. "The Genesis of the Fairy Tale". *Ethnos*. Vol. 4, p. 54-58. 1940.

Impreso en:
Programas Educativos, S.A. de C.V.
Calz. Chabacano No. 65 Local A
Col. Asturias 06850 - México, D.F.
1000 ejemplares
México, D.F., Junio, 1997
Empresa Certificada por el
Instituto Mexicano de Normalización
y Certificación A.C., bajo la Norma
ISO-9002: 1994/NMX-CC-004: 1995
con el Núm. de Registro RSC-048